Juste ~~a girl~~ Zoé

LQÉ
LE QUARTIER DES ÉCRIVAINS

7, bis rue Pommier
94190 Villeneuve-Saint-Georges

ZOÉ TONDUT

Juste ~~a girl~~ Zoé

GOOD
MORNING

Cette merveilleuse aventure que je vis de jour en jour ne pourrait être possible sans vous. Alors je voulais vous remercier du fond du cœur d'être toujours là et de me soutenir dans ma passion, de venir me voir à mes meet-up, de regarder mes vidéos, de m'apporter de l'amour chaque jour, de me remonter le moral quand ça ne va pas trop, de m'accompagner dans mes délires les plus bizarres, de ne pas me faire prendre la grosse tête, de prendre ma défense quand il le faut, et j'en passe...

Merci aussi à mes parents qui m'aident beaucoup et qui me soutiennent dans ce que je fais !

Et pour finir, je souhaite remercier tous ceux qui m'ont accompagnée dans cette aventure littéraire, Sandra, Chris, Martin, les deux Éva et toute l'équipe.

... et vous, qui me suivez depuis mes débuts, merci d'avoir partagé vos photos.

Vous avez changé ma vie et je vous en serai à jamais reconnaissante.

Love you

Sommaire

Who I am ?

« Plus tard, j'aimerais
devenir chroniqueuse dans
une émission ou journaliste
reporter pour la télévision. »

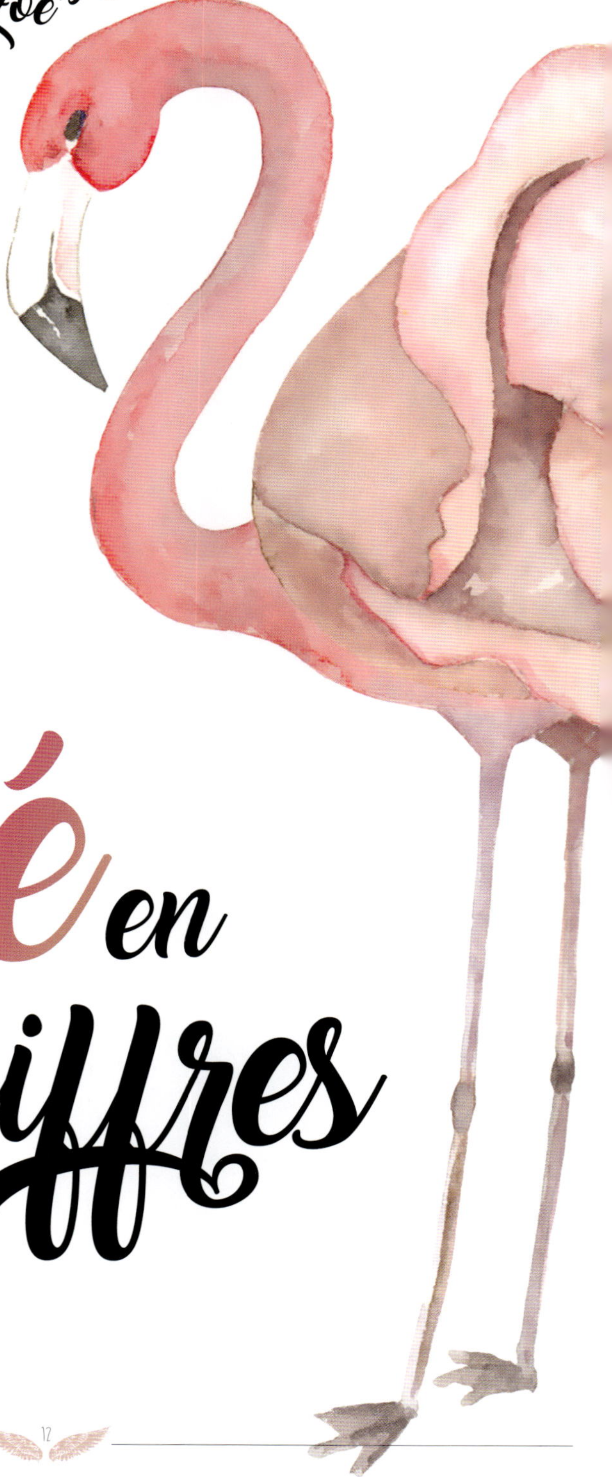

Zoé en Chiffres

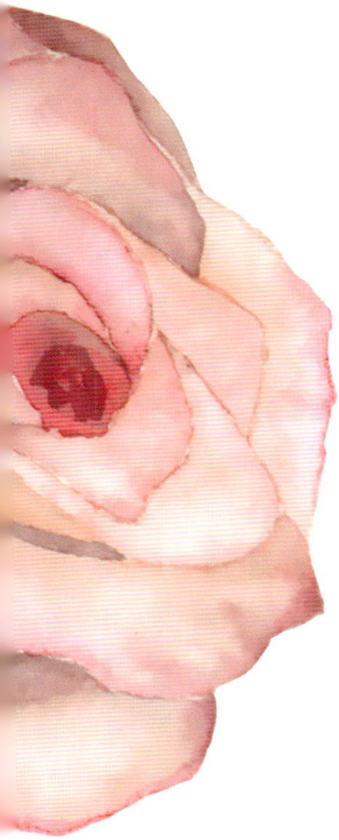

→ NAISSANCE : 9 MARS 2001

→ ÂGE : 16 ANS

→ TAILLE : 1M65

→ YOUTUBE : 750 000 ABONNÉS

→ NOMBRE DE VUES SUR YOUTUBE : 66 236 472

→ MEMBRE SUR YOUTUBE DEPUIS : LE 1ER SEPT. 2010

→ NOMBRE DE VIDÉOS : 171

→ INSTAGRAM : 500 000 ABONNÉS

→ NOMBRE DE PHOTOS SUR INSTA : 108

→ NOMBRE DE TWEETS : 2 954

→ POINTURE : 38

→ NOMBRE DE PAIRES DE CHAUSSURES : 25

1 Who I am ?

Bravo ! Tu as acheté un livre, et en plus tu t'apprêtes à le lire !
Nous pouvons parfois entendre *« Tous ces ados, scotchés à leurs mobiles, qui ne prennent même plus le temps de lire un bon livre ! »* Mettons l'image sur pause un instant, regarde, toi tu lis. Ce n'est pas un recueil littéraire, je n'aurais pas du tout la prétention de dire que mon livre est un bon livre. Ça, ce sera à toi d'en juger ! En tout cas, si tu passes un bon moment à me lire, je considère que j'aurai atteint mon objectif.

Tu me connais peut-être déjà, mais si ce n'est pas le cas, une petite présentation s'impose.

« C'est vrai que depuis quelque temps, ma vie n'est plus si banale que ça... »

Je m'appelle Zoé, je suis née le 9 mars 2001 (t'as vu, je suis une 2001 OMG ! Une 2001 qui écrit un livre, ça a changé les 2001 !)
Pour ne rien te cacher, je suis plutôt de nature réservée, j'aime rester chez moi et ne rien faire de mes journées (un peu flemmarde, je l'avoue), regarder des séries sous ma couette en mangeant des pop-corn (juste sous ma couette en fait, car je n'ai pas le droit de manger dans ma chambre !). Malgré les apparences (vraiment trompeuses !), je suis assez timide avec les gens que je ne connais pas, on me dit aussi que je suis drôle, je ne m'en rends pas spécialement compte, mais si je fais rire les gens et que je leur fais passer un bon moment alors moi, ça me convient !

Malgré tout, j'en suis consciente, j'ai un caractère de cochon, quand je suis de mauvaise humeur, il ne vaut mieux pas me parler, je crie, je parle mal et je m'énerve assez facilement, mes parents pourront certainement en témoigner ! Je suis assez souvent sur la défensive, mon père m'appelle « l'ours » de temps en temps. C'est vrai qu'il m'arrive parfois de ne pas sortir de chez moi du week-end ou de rester toute une journée enfermée dans ma chambre, et de ne parler à personne, comme un ours dans sa caverne. Cela m'énerve un peu qu'il me surnomme ainsi, mais en fait, ça me fait rire puisque je tiens ça de lui, on n'aime pas trop parler à des inconnus ou aller à des événements qui ne nous plaisent pas forcément. Du coup, dans la famille nous sommes un peu les deux ours, mais ce n'est pas quelque chose de méchant !

Sinon, le reste du temps je mène ma petite vie tranquillement, même si c'est vrai que depuis quelque temps, ma vie n'est plus si banale que ça…

J'habite dans une ville de l'ouest de la France, avec mes parents, mes deux petits frères, Jean, et Gabriel, et ma petite sœur, Manon.
Ma mère se prénomme Adèle, apparemment je suis son sosie, physiquement, peut-être, mais mentalement, je ne crois pas ! Elle est capable de parler pendant trente minutes avec un inconnu d'un sujet complètement inutile (à mes oreilles bien sûr), mais elle trouvera toujours quelque chose à dire. Pas moi.
Au niveau du caractère, je ressemble tout de même plus à mon père, Anthony, qui, de son côté, est capable de répondre par un mot, oui, un seul mot pour clore une conversation ennuyante !

Mes parents se sont rencontrés sur leur lieu de travail, à l'hôpital, au moment où l'équipe de France de football remportait la Coupe du monde. Je vois le jour trois ans plus tard.
Je suis fière de mes parents, car ils se sont donné les moyens de réussir, et pour l'instant cela fonctionne, notre petite famille n'a pas vraiment de soucis, et merci à eux pour cette vie qu'ils nous offrent chaque jour.

C'est très enrichissant de grandir dans une grande famille, même si parfois il y a des conflits. Mais il paraît que c'est normal…
J'ai aussi un chat, Achille, que j'aime beaucoup. Il est noir et blanc, on l'a récupéré d'une portée de chatons qu'une amie de mes parents a eue. Au niveau de son prénom, assez ridicule je vous l'accorde, on ne s'est pas cassé la tête, il est né le jour de la Saint-Achille !
Et une autre, Lili, mais entre nous deux, le courant ne passe pas trop…
J'ai également un chien, André, que nous surnommons « DD ». Nous l'avons eu à mes 5 ans. Mon père voulait le plus gros mâle de la portée, on l'a bien regretté puisque quand il était chiot, il a mangé un mur (oui, c'est bien ça, un mur !), des chaussettes, et même des éponges… Et encore,

« C'est très enrichissant de grandir dans une grande famille, même si parfois il y a des conflits. »

je ne vous dis pas tout ! Il commence à vieillir donc il n'est plus en très grande forme à l'heure où je vous parle.

Sinon, du côté de ma vie sociale, rien d'extraordinaire. Je ne suis pas la fille populaire du lycée, je suis plutôt discrète, mais j'ai une petite bande de potes, de très bon amis, je fais des connaissances de jour en jour et c'est ça qui est cool !

Bon, maintenant, passons à la partie qui explique le pourquoi du comment, le fait que moi, Zoé, une fille banale « juste a girl » de 16 ans puisse écrire un livre…
Si je te dis « Coucou tout le monde, j'espère que vous allez bien ! », ça te parle ? Non, bon et si je te dis « N'hésitez pas à lâcher un gros pouce bleu si la vidéo vous a plu, et à me donner votre avis en commentaire », toujours rien ?
Je suis youtubeuse, alors oui, une de plus qui écrit un livre. J'ai bien conscience que beaucoup de youtubeuses sortent

un livre, il me semble juste qu'elles étaient majeures à l'écriture de leur livre. Cela fait plus d'un an que je travaille sur ce projet, et j'ai voulu prendre mon temps pour le réaliser. D'ailleurs cela a été réellement dur de garder le secret. De mon côté, j'ai une tout autre vision du monde dans lequel nous vivons, et je ne compte pas la garder pour moi !
Pour tout vous avouer, ça m'a aussi refroidie de me dire que j'allais simplement « suivre une mode ». Au tout début de mon projet, il n'y avait qu'une youtubeuse qui avait écrit son livre, puis au fil des mois, d'autres livres ont fait leur apparition les uns après les autres. Mais lorsque je me suis

vraiment lancée dans ce projet, toutes mes hantises sont parties et je kiffe vraiment de faire ça ! Je n'aurais jamais imaginé écrire un livre un jour. Je pensais que c'était réservé aux grands auteurs qui ont une plume divine, et moi je ne suis pas très forte pour écrire, même si j'aime ça.

« J'ai sauté le pas, j'écris mon propre livre. »

Si tu ne sais pas ce qu'est YouTube, soit tu vis dans une grotte, soit tu es peut-être une personne du troisième âge. Mais vu que je suis gentille (rires), je vais t'expliquer en deux mots : YouTube est une plate-forme sur laquelle je poste des vidéos. On me demande souvent : « Mais tu fais des vidéos de quoi exactement ? », je réponds : « Oh bah, des vidéos de tout, sur ma vie… »
En fait, je ne sais pas vraiment comment qualifier ce type de vidéos, certains diront que je fais du *Lifestyle*, d'autres de la beauté et d'autres iront même dire que je fais de l'humour… Peu importe, le truc c'est que je fais vraiment ce qu'il me passe par la tête, je suis passée par les fameux tutos beauté, mais aussi par les petits sketches, ou même les vlogs…

Je fais des vidéos sur Internet sous le nom de « Juste Zoé ». D'ailleurs, je vous l'accorde, ce pseudo n'est pas vraiment recherché. Ne me demandez pas la signification, il n'y en a pas. Après réflexion, il fait même un peu narcissique sur les bords, mais en fait, j'avais mis ça en attendant de

trouver mieux, et puis bien évidemment, je n'ai pas trouvé donc c'est resté (remettre à plus tard ce que l'on peut faire maintenant : la procrastination, petit mot sympa que l'on peut utiliser dans une prochaine dissert'). Enfin bref, revenons à nos moutons ! Je réalise ces vidéos pour divertir mes abonnés, moi-même bien sûr, et également pour donner des conseils, partager mes passions. J'ai créé une communauté qui grandit de jour en jour, c'est assez incroyable. À l'heure où je commence ce livre, elle se compose de 500 000 abonnés sur ma chaîne YouTube qui se nomme « Juste Zoé ».

Juste Zoé ou Zoé ? À vrai dire, pour moi, ce sont les deux mêmes personnes. Comme je te disais, je suis assez hésitante quand je ne connais pas les gens. Par exemple quand on me voit pour la première fois je suis réservée, je ne parle pas trop et je ne me lâche pas vraiment. Les gens pensent alors que je joue un rôle dans mes vidéos, mais en fait, ce qu'il faut savoir, c'est que dès que je suis avec mes amis je me lâche et j'arrive à être moi-même, je suis en confiance. Comme dans mes vidéos finalement, quand je vois mes abonnés, il n'y a justement pas cette petite période d'adaptation, je suis directement moi-même, car je me dis qu'ils me connaissent déjà, je suis en confiance et je n'ai pas besoin d'avoir peur.

Zoé, c'est une fille de 16 ans, qui a ses amis, ses problèmes, sa famille, son lycée et tout… Enfin, c'est une ado « normale » (je déteste ce terme), sauf que parfois je peux avoir des occasions et des projets que les autres filles n'ont pas. Je ne veux pas dire que je suis au-dessus d'elles, absolument pas, mais voilà, je suis consciente d'être privilégiée et d'avoir beaucoup de chance. En plus d'être une fille « normale », j'ai également la chance d'être la « grande sœur » de plus

de 750 000 personnes (à l'heure où je peaufine les dernières pages avant l'impression).
Plus tard, j'aimerais devenir chroniqueuse dans une émission, journaliste reporter pour la télévision ou m'occuper des relations entre les marques et les influenceurs. Le monde des médias et de la communication m'attire.

Dans ce livre, l'idée n'est pas de vous faire une sorte de biographie, non, pas du tout, déjà je suis trop jeune, ma vie n'est ni assez palpitante ni assez extraordinaire pour ça, et puis, je n'en ai pas du tout envie !
Mais j'ai remarqué que, nous les jeunes, nous sommes écartés de la société, on ne nous demande pas trop notre avis. Et puis, il y a des sujets qu'entre ados, on a envie d'aborder, et le fait que je ne sois ni une enfant ni une adulte, fait que je peux m'exprimer et penser différemment des adultes ; alors j'en profite ! Je te ferai donc part de mon avis sur des sujets d'actualité, des témoignages sur des aventures qui me sont arrivées, mais aussi des coups de blues ou alors des choses que la plupart des ados vivent. Toutes sortes de sujets, mais je ne vais bien sûr pas tout vous spoiler maintenant ☺.
Je ne suis bien évidemment pas une pro et mes mots ne seront pas toujours à la hauteur ou de l'avis de tout le monde, peut-être que vous ne partagerez pas tous mon point de vue, mais c'est ma propre vision des choses.
Enfin, bref, si tu as envie de poursuivre cette aventure à mes côtés, prends un verre de coca, de thé, de lait, de tout ce que tu veux, installe-toi confortablement dans ton canapé, allume une bougie parfumée (senteur mojito, mes préférées), et je t'invite à tourner la page et à plonger dans mon univers !

« Je réalise ces vidéos pour divertir mes abonnés, moi-même bien sûr, et également pour donner des conseils, partager mes passions. »

Ma première vidéo

« Je ne me rendais absolument pas compte que ce que je venais de faire allait changer ma vie. »

Ma première vidéo, été 2013

2

« On ne va pas se le cacher, en deux mois j'ai récolté seulement vingt vues »

Avant de « percer » sur YouTube et d'en arriver là où je suis, si je peux dire cela comme ça, il faut savoir qu'il s'est passé beaucoup de choses que peu de monde connaît.
On me demande souvent comment j'ai commencé les vidéos, mais aussi d'où cette passion est-elle sortie ? Et comme j'avais un peu la flemme de raconter la réelle histoire puisqu'elle est quand même assez longue et compliquée à expliquer clairement, je répondais toujours la même phrase :
« Je m'ennuyais et en regardant les autres je me suis dit, pourquoi pas moi ? »
C'est en partie vrai, mais ce n'est pas l'exacte vérité.
Voici comment, courant juillet 2013, tout a commencé :

C'était un après-midi, pendant les grandes vacances, je jouais avec ma sœur, Manon, aux *Petshop* dans ma

chambre. On avait créé une petite ville dans ma penderie, sur la dernière étagère pour que ma sœur puisse y accéder. On avait fait une infirmerie, des magasins, des hôtels et même un cinéma avec des boîtes à chaussures et tout ce qu'on pouvait trouver. On avait imaginé une petite histoire, et j'ai eu l'idée de nous filmer avec le téléphone de ma mère, un iPhone 4, le truc qui date bien, ah ah.
Je suis donc descendue dans la cuisine demander à ma mère si nous pouvions utiliser son téléphone pour nous filmer, sans trop comprendre pourquoi, elle m'a tendu ce dernier. Je suis aussitôt remontée, je l'ai calé sur une étagère et j'ai démarré la vidéo.
« Action ! », criais-je à ma sœur afin qu'elle commence à faire parler les personnages.
Je me souviens encore vaguement de l'histoire, un bébé chien avait perdu ses parents dans l'animalerie et ses amis l'aidaient à les retrouver.
Notre scène dura une dizaine de minutes, et lorsqu'elle fut terminée, j'appuyai sur le bouton stop et on regarda ce que ça donnait.

Je n'avais pas encore pensé à la mettre en ligne sur YouTube, mais en tombant sur plusieurs vidéos de jeunes filles qui faisaient comme nous, je me suis laissé tenter et j'ai finalement décidé de la poster.
Pour cela, il fallait créer une chaîne YouTube, et nous devions trouver un pseudo ! Un pseudo qui claque, qui envoie du lourd à la première lecture. Un pseudo comme ça, je n'en ai pas trouvé, et vu que je suis impatiente, j'ai décidé de choisir le nom qui me venait directement à l'esprit : Zozo49Petshop.
Magnifique pseudo, choisit par une fillette de 13 ans, qui

« D'ailleurs, mon pseudo actuel a lui aussi une histoire. »

On s'en bat
le fesses

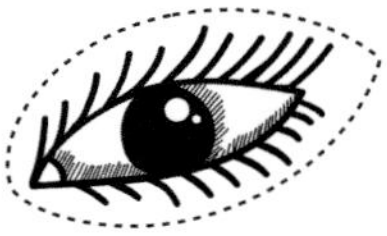

est d'ailleurs toujours présent dans mon URL de chaîne... Je ne me rendais absolument pas compte que ce que je venais de faire allait changer ma vie.

Bon, on ne va pas se le cacher, en deux mois j'ai récolté seulement vingt vues, enfin un truc du genre, ce n'est pas beaucoup, mais c'est un bon début. Je ne me rendais vraiment pas compte que le monde entier pouvait voir mes vidéos. Nous ne montrions pas nos têtes donc pour l'instant tout restait anonyme. Mais ma petite chaîne Zozo49petshop ne me convenait plus, j'avais grandi, et les *Petshop* ne m'intéressaient plus. Je voulais faire quelque chose de mieux, qui attire plus de monde, mais sans montrer mon visage. Soudain, une idée est apparue dans ma tête :

« MANOOON, VIENS VITE !
– Quoi ?
– J'ai une trop bonne idée de vidéo ! Comme tu adores chanter, je pourrais faire une vidéo où tu chantes ! »

À cette époque, ma sœur et moi étions super fans d'une série espagnole : *Violetta*. Ces chansons passaient en boucle dans la maison, et lorsque c'était l'heure de notre épisode quotidien, peu importe ce que nous étions en train de faire, on arrêtait tout pour aller s'installer sur le canapé et regarder la télé. J'étais tellement fan que je me suis mise à pleurer quand la première saison fut terminée. J'avais un agenda *Violetta*, je connaissais ses chansons par cœur et j'en parlais toute la journée à mes amies. Enfin bref, reprenons.

– OK, mais je veux chanter une chanson de *Violetta*.
– D'accord !

Et c'est ainsi que ma deuxième vidéo fut postée ! Celle-ci a atteint les 160 000 vues ! C'était juste incroyable, ma famille n'en revenait pas.
Mais toujours énormément de critiques, surtout sur l'attitude de ma sœur, son physique, les gens étaient terriblement méchants. De plus, c'est une chanson espagnole, Manon, qui avait 10 ans ne savait pas parler cette langue et faisait donc ce que l'on appelle du « yaourt ».
J'ai aussi fait intervenir mon petit frère Jean sur une vidéo, il dansait sur la fameuse chanson *Gangnam Style* de Psy, qui soit dit en passant est tombé dans l'oubli hein ! Ces vidéos « buzz » ne me plaisaient plus, il y avait bien trop de critiques. La motivation perdue, j'ai arrêté mon activité et laissé ma chaîne « Zozo49petshop » sans vidéo.

Puis un jour, alors que j'étais passionnée par la pâte Fimo (utilisée pour fabriquer de petits objets déco), une idée m'a traversé l'esprit, et si je faisais des tutos sur YouTube ?
J'ai alors décidé de me recréer une nouvelle chaîne qui se prénommerait « p'tite fimo ». Je m'étais fait un logo, une intro, et j'aimais bien faire ça. Je ne montrais toujours pas ma tête, je laissais seulement entrevoir mes mains.
J'étais vraiment à fond ! J'avais même créé un blog pour vendre mes créations.

« Ces vidéos " buzz " ne me plaisaient plus, il y avait bien trop de critiques. »

Puis je me suis lassée, oui, je me lasse très vite. Et, j'ai encore changé de thème, je voulais faire de la beauté. Cette fois-ci je voulais que tout soit propre, carré. Je crée donc, encore, une nouvelle chaîne « Truc de filles ». Cette chaîne est encore sur YouTube avec une dizaine de vidéos puisque j'ai perdu le mot de passe et je ne peux absolument rien supprimer ! C'est comme ça que j'ai commencé à poster mes toutes premières vidéos beauté, les bonnes vieilles vidéos filmées avec la webcam de mon ordi, ou parfois un petit caméscope. Sans montage, sans rien.
Mais un jour, impossible de me connecter à « Truc de filles », j'avais comme dit précédemment oublié le mot de passe. Mais j'aimais vraiment YouTube, je ne voulais pas arrêter, je suis alors retournée sur mon ancienne chaîne « Zozo49petshop » que j'ai renommée en « Zoe Pink ». Vous m'avez peut-être connue sous ce nom-là, j'ai dû garder ce pseudo six mois avant de passer à « Juste Zoé ».

D'ailleurs, mon pseudo actuel a lui aussi une histoire. Je faisais, parallèlement à mes vidéos YouTube, des trolls sur Instagram. Pour les plus anciens d'entre vous, je faisais des petites vidéos de quelques secondes ou des photos humoristiques sur Instagram. J'ai monté ma petite communauté toute seule, j'avais environ dix mille abonnés sur mon compte Insta qui se nommait donc « Juste Toi ». Et lorsque je suis passée de « Zoé Pink » à « Juste Zoé », c'est simplement, car je n'aimais pas l'ancien, et aussi, car je voulais que mes comptes Instagram et YouTube se ressemblent !

Et voilà, tu fais partie des rares personnes à savoir comment ma chaîne est réellement née !

BAD GIRL
GIRL GUN
FOREVER OR NEVER
YOU BREAK
BAD GIRL
GIRL GUN
I HATE YOU
YOU BREAK MY HEART

Cyber harcèlement

« Le cyber harcèlement est sévèrement puni par la loi. »

3 Cyber harcèlement

« Cachée derrière son écran, elle croit que rien ne peut l'atteindre. »

Ce chapitre sera un peu moins joyeux, mais c'est une cause qui me touche et j'ai vraiment envie de vous en parler dans ce livre.

Étant youtubeuse, je passe le plus clair de mon temps sur les réseaux sociaux. Je suis donc moi-même passée par là, car même si la plupart des commentaires sous mes vidéos sont hyper gentils, il arrive parfois que certains soient beaucoup moins agréables. J'ai appris avec le temps à les ignorer. Cela ne me touche plus, mais il y a des personnes plus fragiles qui y font face, et ça peut vraiment avoir un effet dévastateur.
Le harcèlement me met particulièrement en colère, je ne comprends pas l'intérêt des gens qui se permettent de

juger, de critiquer ou même d'insulter des personnes qui n'ont rien demandé. Et même si elles ont fait quelque chose, rien ne justifie le fait qu'un groupe de personnes s'acharne gratuitement sur une autre dans le but de lui rendre la vie la plus horrible possible.

Prenons deux personnes que nous appellerons : Élodie et Gabrielle. Élodie n'est pas bien dans sa peau, elle n'a pas confiance en elle. Elle a des dizaines d'amis, mais aucun sur lequel elle peut vraiment compter. Élodie n'est pas heureuse, mais elle ne le montre pas, elle a trop de fierté pour ça, alors elle fait mine que tout va bien.
Gabrielle mène une vie tranquille, ne dérange personne, elle a de bonnes notes à l'école, elle peut compter ses amis sur les doigts d'une main, mais au moins elle sait que quoi qu'il arrive, ils seront toujours là pour la soutenir. Gabrielle ne se donne pas de genre, elle est simple, ne se prend pas la tête et vit sa vie paisiblement.

Un soir, Élodie s'ennuie, elle trouve le compte Twitter de Gabrielle, lit quelques tweets et trouve que Gabrielle a une vie trop parfaite. Son compte Instagram est rempli de clichés d'elle avec sa famille, ses amis, simplement entourée des gens qu'elle aime…
« Pourquoi Gabrielle aurait-elle le droit d'être heureuse et pas moi ? », pense tout bas Élodie.
Il faut alors qu'elle détruise le bonheur de quelqu'un d'autre pour se sentir mieux, que cela lui procure de la satisfaction. Il faut qu'elle rabaisse Gabrielle afin que sa vie soit moins cool. Elle est jalouse de son bonheur.
Alors Élodie a une idée, elle poste un premier tweet ultra-court : « moche ». Puis, quelques minutes plus tard un

commentaire sous l'une de ses photos Instagram : « on s'en fout de ta vie ».
À peine deux heures plus tard, le Twitter et l'Instagram de Gabrielle sont envahis d'insultes en tout genre. Ça commence par des critiques, puis ça se termine par des menaces de mort. Élodie a plein d'amis, alors eux aussi s'y mettent.
Quand Gabrielle se connecte sur ses réseaux sociaux et voit ça, elle ne comprend pas ce qu'il se passe. Elle se demande ce qu'elle a fait de mal. Elle se sent nulle, elle a honte, cela la touche beaucoup. Elle commence même par croire à certains commentaires, malgré le soutien de ses amis. Gabrielle n'a plus confiance en elle. Plus les jours passent et plus Élodie et ses amis continuent à la pousser à bout, il est évident que personne ne vient la voir en face, tout se fait sous le coup de l'anonymat. Facile, n'est-ce pas ?
Gabrielle mange de moins en moins, elle ne travaille plus. Elle qui avait l'habitude de rire à tout va, ne laisse même plus entrevoir un sourire sur son visage.

Chaque soir de nouveaux tweets plus horribles les uns que les autres s'ajoutent sur son mur. Gabrielle ne comprend pas. En vrai, elle ne cherche même plus à comprendre.

« Sur Internet, tout, absolument tout est public et peut être détourné en ta défaveur. »

Pourquoi les gens lui veulent-ils du mal ? Elle n'a pourtant rien fait.
Gabrielle a des idées noires, elle culpabilise. Elle commence à s'automutiler, cela devient une habitude, c'est sa seule échappatoire, son seul moyen de laisser partir toute cette peine, se taillader la peau est devenu comme un besoin.
Chaque insulte fait un peu plus couler le sang, chaque insulte détruit encore plus Gabrielle. Elle lutte contre le mal de vivre.

Élodie est maintenant contente, elle a réussi à détruire la joie de Gabrielle, à la rendre plus malheureuse qu'elle, à la rabaisser.
Un soir, Gabrielle rentre des cours, encore et toujours des insultes : « Nous souhaitons tous ta mort, tu es inutile. »
Mais cette fois-ci, c'en est trop, Gabrielle n'en peut plus, elle veut partir, c'est selon elle la seule solution pour que cela cesse.
Élodie ne se rend pas compte à quel point elle a ruiné la vie de Gabrielle. Cachée derrière son écran, elle croit que rien ne peut l'atteindre. Heureusement, grâce au soutien de ses amis, Gabrielle a pu s'en sortir, ils ne l'ont pas laissé tomber et elle a pu en parler à ses parents.
Depuis elle va mieux et reprend de jour en jour un peu plus goût à la vie qu'elle avait abandonnée. Gabrielle fait maintenant encore plus attention à ce qu'elle poste sur les réseaux sociaux.

Tout ça pour dire, que le cyber harcèlement est une cause très grave, 40 % d'ados ont déjà été touchés par ce genre de propos, certains arrivent à résister, mais d'autres n'y arrivent pas. Les adultes l'ont longtemps considéré comme de simples problèmes d'ados, puisque ce n'est pas réel, c'est sur la toile. Mais depuis peu, ils commencent à s'y intéresser et à réaliser à quel point c'est grave. Le cyber harcèlement fait mourir quatre jeunes par an. Il ne faut pas oublier à quel point les jeunes peuvent être méchants entre eux, se croyant protégés derrière leurs écrans, se permettant de dire de telles atrocités. Les gens qui harcèlent ne sont pas heureux, ils souhaitent le malheur des autres pour leur bonheur personnel. Mais sache que le cyber harcèlement est sévèrement puni par la loi, si l'auteur est majeur : deux ans d'emprisonnement et 30 000 € d'amende.

Fais attention à ce que tu postes sur tes réseaux sociaux, ce n'est pas parce que tu es en privé sur Instagram ou Facebook que personne ne peut voir ce que tu postes. Sur Internet, tout, absolument tout est public et peut être détourné en ta défaveur. Et surtout cela peut rester des années dans les moteurs de recherche.
Si tu en es victime, ne te laisse pas faire, ne les laisse pas gagner et parles-en à quelqu'un, tes parents, ta sœur, ton frère, tes amis, parfois même un professeur avec lequel tu as une affinité.
Ce qui est important, c'est de ne pas se renfermer sur soi-même, ne te laisse pas faire ! Sois fort, sois forte !

→ MEILLEURS COMMENTAIRES

« Comme d'habitude tes vidéos sont super ! Merci beaucoup. » Aurore V.

« Je t'aime trop, continue comme ça, en plus t'es trop belle ! » Cat T.

« Je t'adore Zoé, tu es la meilleure. » By G.

« Merci pour cette vidéo super. » Moha M.

« J'aime beaucoup tes vidéos ! Continue ainsi. » Sasa B.

« Trop jolie Zoé. » LylouC.

« Trop bien ta vidéo, t'es belle Zoé. » Louise B.

« Je t'adore, t'es trop belle et BRAVVVO Zoé. » It's Cam.

« Je kiffe tes cheveux .» Sisters Mak.

« Ah mais t'es sublime wow. » Clara L.

« Trop bien ! Je trouve ça cool ☺️ » Noé V.

« Tellement vrai :') Super video <3 Je t'aime Zoé !!! T'es trop drôle et trop belle !! :3 t'es ma youtubeuse "normale" préférée ! Continue tes vidéos qui sont juste parfaites, les idées sont originales, j'aime bien le montage et elles sont assez régulières je trouve pour le "travail" fourni ... Bonne continuation et un jour tu auras les 1M (bientot j'en suis certaine) Bisou ❤️ » Rayure A.

« La seule youtubeuse qui soit naturelle ❤️ je t'adore continue comme ça ❤️ » Ilostar d'.

« Cc Zoé ❤️ Je t'adore 😍😍😍 Ta nouvelle vidéo est tellement hilarante 😂😂😂 Tu me fais trooop rire 😚😚😚 #teamsnap Gros bisous 😘😘😘 » Enjoyers F.

« J'adore ta chaîne parce que tu diversifies énormément tes vidéos, continue comme ça bisous. » Marina D.

« Je t'aime fort Zoé est-ce que tu vas faire des dédicaces ? » Marie B.

« Je t'aime t'es la best 💘 » Clelia A.

« Je t'aime beaucoup Zoé, tu es très talentueuse dans toutes tes vidéos 🎬📹... Tu es ma meilleure youtubeuse 😉😚👉💚💚 De ta grande fan tunisienne ❤️❤️👈 » Ritta A.

PIRES COMMENTAIRES

« Ptn tu casses les couilles à faire des défis de merde juste pour avoir des baskets. »

« Je deteste cette pauvre meuf et elle est moche elle joue trop mal et elle se permet de dire dans une autre vidéo ouais en 2017 faut arrêter les Stan Smith mais oui c'est ça en 2017 faut arrêter ta chaîne ytb de merde. »

« En fait elle est horrible sans maquillage. Just Zoé, just zéro quoi ??? Booufonne. Connasse... »

« Moi j'ai pas envie de revoir ta sœur elle est conne. »

« Maintenant t'es déjà un pot de peinture connasse. »

« C de la merde j ai perdu 5 minutes de ma vie. »

« Elle est tellement moche ta sœur. »

« Euh, t'as l'air soûlé de faire ta vidéo.... c'est pas super plaisant à entendre. »

« Ton père et ta sœur sont trop drôle mais par contre toi... Tu gâches un peu la vidéo... Tu rends la vidéo gênante...en te regardant on a l'impression que ca te fait chier d'être avec eux :/ »

« Tu suis la mode comme un toutou. »

« Elle se la pète un peu non ? »

« Contenu avec aucune qualité, le sujet femelle paraît blasé.... Bref, de la bonne grosse merde comme sa recette. Cordialement. »

« Ho my god la tête de sa sœur elle est grave moche on dirait une handicapée. »

« T'a pas honte d'avoir le prénom d'une voiture ? »

« Ta gueule on s'en fout de ta vie. »

« Ta video c'est tellement de la merde elle est mal organisée ! »

« C'était nul à chier c même pas ça qu'ils disent les docteurs et puis s'il te plaît arrête les vidéo avec ta sœur elle sait pas jouer elle est nul à chier et arrête aussi les vidéos mes pauvres yeux. »

« Wsh arrête de faire semblant d'avoir peur là tu crois le papillon il va sortir de l'écran ou quoi ! »

TOYBO

Make-up !

« Les gens se retourneront sur celle qui est naturelle, car elle n'est pas comme les autres. »

4 Make-up !

« Évidemment, même si j'avais dit que je ne le mettrais pas au collège, c'était bien trop tentant ! »

À un certain âge, l'envie de se maquiller, de grandir, de passer de la case enfant à la case ado se fait ressentir.
Il n'y a pas d'âge spécifique pour commencer à se maquiller, bon évidemment, tu ne vas pas te maquiller dès 6 ans hein ! Mais ce que je veux dire c'est que ce n'est pas parce que tes copines, ta sœur, ta cousine, ta mère ou qui sais-je se maquillent, que tu dois toi aussi te maquiller !
Le maquillage, de base, c'est fait pour s'embellir, pour cacher les imperfections afin de se sentir mieux dans sa peau, après ce n'est que mon avis. Mais le maquillage ce n'est pas très bon pour ta peau, c'est pour ça qu'il ne faut pas commencer trop tôt. Mettre un peu de mascara OK, mais commencer par du fond de teint, de la poudre, c'est NON ! Même si sur la boîte ou le tube, il y a de jolies fleurs ou des plantes bien vertes, ce n'est pas pour autant que c'est naturel ou encore bon pour ta peau. Par ailleurs, c'est un choix et tu dois également l'assumer !

Pour ma part, j'ai commencé à me maquiller en début de 4e, je ne mettais rien sur ma peau, mais seulement sur mes yeux. D'ailleurs, ça me rappelle l'achat de mon premier mascara… Je faisais les boutiques avec ma famille. En fait, on cherchait un cadeau pour ma cousine âgée de deux ans de plus que moi, alors

nous sommes allés dans une enseigne de cosmétiques, pour lui prendre un petit coffret de maquillage contenant un mascara, des ombres à paupières, une poudre et quelques petits gels de douche, si mes souvenirs sont bons ! Je n'étais jamais vraiment entrée dans un magasin de maquillage, je voyais tout cela pour la première fois, je ne connaissais ni le nom ni le but de ces produits. J'ai aperçu la seule chose que je connaissais à peu près : un mascara, je l'ai attrapé, et je me suis dirigée vers ma mère en lui demandant si je pouvais l'acheter :
– Allez, s'il te plaît maman, en plus, il n'est pas cher, et puis si tu veux je te le rembourserai ! Toutes mes copines en ont un et je veux trop essayer. Je ne le mettrai pas au collège, mais seulement à la maison, allez, maman, dis oui, dis oui, dis oui !

Je me suis alors découvert un véritable talent, celui de négociatrice ! Ma chère mère n'a pas réussi à me le refuser… Toute contente, je l'ai mis directement dans le panier !
Évidemment, même si j'avais dit que je ne le mettrais pas au collège, c'était bien trop tentant ! Il était devant mes petits yeux, alors forcément, j'en ai appliqué une couche sur mes cils. Les semaines passèrent et j'avais déjà une autre idée derrière la tête… Forcément, le mascara ne suffisait plus, je voulais maintenant un khôl

noir pour sublimer mes yeux. J'en ai parlé à mes parents, mais ils ne voulaient pas. Alors j'ai dû essayer de trouver un plan B, j'ai demandé à une amie qui avait plein de maquillage de me donner un mini-khôl qu'elle avait eu en échantillon ! J'étais la plus heureuse, tous les matins j'en mettais dans la muqueuse du bas de l'œil, je trouvais que ça me donnait un regard intense (en y repensant maintenant, je trouve ça moche, mais bon). Je n'ai jamais révélé ça à mes parents, ah ah, ils l'apprendront en même temps que vous (coucou maman, coucou papa !).

Je trouve que le maquillage prend une place énorme dans la société actuelle. (On dirait un homme politique qui parle !) On peut voir ça très clairement sur YouTube ! C'est incroyable, presque les trois quarts des vidéos de filles sont des vidéos sur le maquillage. Alors oui, c'est important de savoir bien se maquiller et de connaître les bases du maquillage ; dans ce cas, beaucoup des vidéos peuvent nous être très utiles ! Mais le fait de voir des filles souvent plus âgées que soi, faire un maquillage ou parler de produits de beauté incite les plus jeunes d'entre vous à commencer à se maquiller pour leur ressembler.

Le maquillage est tellement important que maintenant, entre une fille non maquillée et une fille maquillée, les

« Je m'assume telle que je suis, parfois je fais des vidéos où je me montre démaquillée, ou alors des snaps. »

gens se retourneront sur celle qui est naturelle, car elle n'est pas comme les autres. Le maquillage est devenu banal et presque obligatoire si on veut être jolie. Énormément de femmes et de filles sont complexées par leur visage sans maquillage et n'osent plus sortir démaquillées. À vrai dire, je ne trouve pas ça normal…
Je ne vais pas vous mentir, moi aussi j'aime me maquiller pour aller en cours, je me sens bien et c'est vrai qu'en y réfléchissant, je ne me verrais pas y aller sans rien sur le visage, je préfère ma tête maquillée que non. En revanche, je m'assume telle que je suis, parfois je fais des vidéos où je me montre démaquillée, ou alors des snaps, enfin, vous voyez.

« Je me suis alors découvert un véritable talent, celui de négociatrice ! »

Eh bien, pour conclure :
– Le maquillage, c'est cool à petites doses et avec un rendu naturel (les filles qui perdent 20 kg quand elles se démaquillent je dis stop !).
– Le maquillage, c'est cool, mais pas trop tôt !
– Le maquillage, c'est cool, mais assumez aussi votre tête au naturel, c'est carrément mieux !
– Le maquillage, c'est cool, mais apprenez à vous maquiller, ne faites pas n'importe quoi sur votre visage en allant trop vite ☺.
– Le maquillage, c'est cool, mais parlez-en à vos parents au lieu de faire ça dans leur dos.

Money Money

« L'argent ne fait pas le bonheur, mais ça aide un peu quand même. »

5 Money money

« J'avais peur de ça, du regard des autres par rapport à l'argent, et après réflexion, ce n'est pas normal. »

Sujet, certes un peu tabou, du haut de mes 16 ans, au moment où j'écris ce chapitre, je ne trouverai peut-être pas les mots justes, ma plume sera certainement maladroite, mais j'aurai certainement un regard différent de celui des adultes, alors je m'en fiche, je me lance.

Pourquoi a-t-on peur de parler d'argent dans cette société ? Personne n'ose dire combien il gagne, tout le monde juge : « Tu t'habilles avec des marques, t'es riche ; tu t'habilles sans marques, t'es pauvre. » Limite, pour certains, c'est devenu un complexe de ne pas avoir assez d'argent, ou au contraire d'en avoir trop. Alors oui, vous devez vous dire : « Mais pourquoi avoir honte d'avoir de l'argent ? Ce n'est pas logique ! »

Je me suis récemment rendu compte que j'ai honte de dire combien je gagne. Car oui, j'ai la chance de gagner des sous grâce à mes vidéos, c'est un travail, même si je ne le considère pas comme tel, c'en est un.

On ne prend peut-être pas au sérieux le fait d'être youtubeur et de gagner de l'argent grâce à cela. Les gens se disent, que ce ne sont que des ados faisant des vidéos dans leur chambre avec leur petite caméra, pourquoi gagneraient-ils plus d'argent que quelqu'un qui aurait fait cinq ans d'études ?

Quand les gens me demandent combien je gagne

avec mes vidéos, je réponds toujours très vaguement…
« Je ne sais pas, ce n'est pas moi qui gère ça. »
« De toute façon, je pourrai l'utiliser seulement à ma majorité… »
« C'est compliqué de savoir combien on gagne. YouTube fait un énorme calcul, je ne comprends pas vraiment. »
Tout ceci est bien évidemment faux, il faut dire la vérité : je dis ça, car j'ai « honte ». Je sais déjà ce que vont dire les gens, j'ai déjà eu droit à un tas de remarques :
« De toute façon elle est youtubeuse, elle est riche ! »
« Elle a tout ce qu'elle veut, elle est youtubeuse. »
« Ah, mais en fait tes comptes en banque, ils sont grave remplis ! Tu te mets bien toi hein ! »
« Tu dois te la couler douce avec ta YouTube money. » …

En fait, j'avais peur de ça, du regard des autres par rapport à l'argent, et après réflexion, ce n'est pas normal. Ce matin, mon père m'a dit quelque chose qui m'a fait réaliser ça…
« En France, ceux qui gagnent beaucoup d'argent, ils ont honte, aux USA, ils sont fiers. »
Et c'est vrai, pourquoi devrions-nous avoir honte de gagner de l'argent ? Car après tout, l'argent ne tombe pas du ciel (bon OK, sauf si t'as gagné au loto, mais bon). On a travaillé pour l'avoir cet argent, alors oui, pas tous de la même façon : certains on fait de très longues études, d'autres on fait les bons choix, aux bons moments, d'autres travaillent très dur chaque jour.
Mais il y a aussi tout l'inverse, la honte de ne pas avoir assez d'argent. Parfois, je reçois des messages me disant qu'ils ont « honte » d'aller en cours avec des vêtements qui ne sont pas de marques, ou alors parce qu'ils n'ont pas une grande maison, ils se sentent nuls.

De toute façon, tout ça, ce sont des choses futiles, ce n'est pas vraiment important, ce qui est important, c'est d'être heureux et en bonne santé.
Mais quand même, comme le disait un homme politique et homme d'affaires : « L'argent ne fait pas le bonheur, mais ça aide un peu quand même. »

Disputes

« La meilleure solution est
toujours de se parler. »

6 Disputes !

« Être fâchée avec sa meilleure amie, il n'y a rien de pire... »

Les disputes entre amis, c'est vraiment super chiant, mais il faut en passer par là pour pouvoir trouver tes vrais amis. Parfois, il se peut que tu ne sois pas d'accord avec ce que disent ou font tes amis, vous n'êtes pas tous d'accord sur un sujet, et là ça part en Troisième Guerre mondiale. Tout le monde crie, les filles pleurent, les garçons s'énervent et personne n'arrive à communiquer pour arranger les choses, alors on finit tous par se séparer et bouder chacun de notre côté. Le pire, c'est quand ça se passe en cours, car tu peux être sûr que ta petite querelle ne restera pas entre vous. Il y a des spécimens étranges, que je nomme les fouilles-caca (pour rester polie bien sûr) qui vont essayer de savoir ce qu'il s'est passé, ils vont aller voir chacun de vous, écouter chacune de vos versions, pour finalement tout déformer et le répéter au reste du monde ! Ce qui va forcément empirer les choses entre vous.

Il y a aussi des moments où, avec ta ou ton meilleur(e) ami(e), c'est tendu. Vous êtes en froid, et vous ne savez pas vraiment pourquoi. Forcément quand ça touche une personne qui nous tient à cœur, cela nous affecte bien plus, et c'est une situation assez bizarre. Vous vous voyez, mais ce n'est plus comme avant, il y a ce truc qui ne va pas, et lorsque tu essayes tant bien que mal d'arranger les choses tu as l'impression que rien ne change et que votre amitié est perdue.
Être fâchée avec sa meilleure amie, il n'y a rien de pire... Avec la mienne, on se connaît depuis plus de sept ans, et franchement, je ne vais pas vous mentir, il y a eu des hauts et des bas, mais justement, c'est ce qui nous a rendues plus proches. On a su se dire les choses quand il le fallait, quelques larmes ont coulé, forcément, mais on a toujours su se retrouver, car une amitié comme ça, tu n'en auras pas à chaque coin de rue, alors lorsque tu l'as, ne la lâche pas !

Mais bon, le fait de te disputer avec des gens, plus ou moins proches, peut aussi te permettre de savoir qui sont réellement tes amis et qui sera là quand ça n'ira pas pour toi.

Voici une petite liste qui t'aidera à faire un peu le « tri » des vrais et des faux amis :

- Un(e) vrai(e) ami(e) ne racontera pas de choses fausses sur ton dos.
- Un(e) vrai(e) ami(e) essayera par tous les moyens de se réconcilier avec toi.
- Un(e) vrai(e) ami(e) n'ira pas voir ailleurs le lendemain, en te laissant tomber comme une vieille chaussette.
- Un(e) vrai(e) ami(e) ne répétera pas les plus grands secrets que tu lui as confiés.

- Un(e) vrai(e) ami(e) n'essayera pas de jouer la victime et de rejeter la faute sur toi.

Si grâce à cette petite liste, tu as pu repérer un(e) vrai(e) ami(e), c'est super ! Mais sache que toi aussi tu dois te comporter comme un(e) vrai(e) ami(e), si vous êtes en froid, il faut absolument que tu te réconcilies avec, mais bon, je sais, c'est plus facile à dire qu'à faire...

La meilleure solution est toujours de se parler. Alors, cours, vole, saute, fais ce que tu veux, mais dépêche-toi et prends ton courage à deux mains. Attrape tes amis par le bras et parle leur, explique-leur que tu n'aurais pas dû réagir comme ça, que tu es bien sûr désolé(e), mais n'oublie pas de dire tout ce que tu as sur le cœur, car il faut mettre les choses à plat dès maintenant pour que vous puissiez repartir sur de bonnes bases, dis leur que tu les aimes et que tu veux que vous arrêtiez de vous ignorer et de vous faire du mal.

Bien évidemment, ce n'est pas facile d'exposer ses sentiments et de les dire à haute voix en face à face, alors si vraiment tu penses que tu n'auras pas le courage, tu peux opter pour les messages.
Il te suffit d'écrire un texte, de te vider la tête et le cœur sur ce message, ne sois pas non plus trop brusque, vu que c'est un message, c'est assez difficile de faire passer des émotions, alors cherche une tournure de phrase qui montre vraiment tes impressions, histoire qu'il n'y ait pas de *quiproquo*.

Avec tous ces efforts, normalement tout devrait s'arranger, mais n'oublie pas que les efforts ne doivent pas venir seulement de toi, si tu as l'impression de parler à un mur de briques, ou alors que ce que tu dis ne lui fait ni chaud ni froid, c'est peut-être qu'il (ou elle) a définitivement tourné la page. C'est dur à avaler, mais si ton ami(e) ne te considère plus comme le sien, malgré tous tes efforts, rien n'y fera. Dans ce cas-là, tourne la page toi aussi…

Je vais te raconter une petite anecdote. Je connais mes amies depuis la primaire, il y a eu des hauts, des bas, mais nous avons toujours réussi à surmonter tout cela.
Mais je me souviens d'une querelle de primaire qui, aujourd'hui, me fait beaucoup rire.

OK je vous raconte :
Nous étions un petit groupe de six filles : Jeanne, Roxy, Marie, Téa, Inès, et moi !
Il faut savoir qu'en primaire, j'étais vraiment une peste, je retournais le cerveau de mes amies et leur faisais dire des choses qu'elles ne pensaient pas. J'allais ensuite tout répéter, du coup, les embrouilles partaient souvent de moi (je vous rassure, j'ai changé).

Cette fois-ci, nous nous étions fâchées, la raison m'est sortie de l'esprit, mais notre groupe s'était séparé en trois : Roxy et moi, Jeanne et Marie, et puis Téa et Inès qui étaient restées à l'écart.
Nous étions dans la cour de récré, chacune de notre côté, puis j'ai aperçu Jeanne et Marie au loin qui marchaient, bras dessus bras dessous, alors j'ai attrapé Roxy, et nous

« Sache que si vous êtes réellement de vrais amis, un jour ou l'autre tout s'éclaircira ! »

avons marché dans leur direction d'un pas assuré. Lorsque nous nous sommes croisées, Jeanne nous a dit « Salut, les mochetés » ; j'ai rétorqué du tac au tac « Salut les débilités ». Puis nous avons continué notre chemin. Vous voyez le genre de dispute de CM1, il y avait aussi le fameux « 1,2, 3, t'es plus ma copine ! » que nous adorions répéter à qui voulait bien l'entendre.

Quand j'y repense, ça me fait rire. Avec le temps, tu vas trouver qui sont tes vrais amis, car avec la plupart des amis de ta petite bande de primaire, vous avez pris des distances. Personnellement, je suis restée en contact avec la moitié de ma classe, car nous allions presque tous dans le même collège, mais maintenant, il y a seulement deux ou trois personnes qui sont des amis proches. Ne t'inquiète pas, tout le monde passe par là, il ne faut juste pas se décourager, car tout s'arrange toujours. Si tu as été trahi, sache que la roue tourne, et si tu as perdu un ou une ami(e) cher(e), sache que si vous êtes réellement de vrais amis, un jour ou l'autre tout s'éclaircira.

TOLLENS
BRASSERIE

Mes vidéos

« C'est à ce moment-là que
j'ai vraiment compris que
les gens commençaient à
apprécier et à vouloir suivre
ce que je faisais. »

7 Mes vidéos

COMMENT SE PASSE LA PRÉPARATION D'UNE VIDÉO ?

« Je n'avais pas annoncé à mes parents que je faisais des vidéos. »

Pour faire une vidéo, il faut passer par plusieurs étapes, pas toujours très simples, mais comme c'est un loisir, tout nous paraît agréable.
Tout d'abord, il faut trouver l'idée de la vidéo. Eh oui, c'est bien beau de vouloir être youtubeur, mais si c'est pour faire des vidéos vues et revues, non merci.
Pour trouver une idée qui me plaît vraiment, ça peut prendre deux minutes comme deux mois. En général, je tire mes idées de ma vie d'adolescente, des moments que je vis, je m'inspire également des autres youtubeuses, et si vraiment je n'ai aucune idée, je finis par demander à mes abonnés sur les réseaux sociaux s'ils ont des souhaits particuliers.
Une fois l'idée trouvée, il faut passer à l'écriture, enfin tout dépend du type de vidéo que l'on fait, si c'est quelque chose d'humoristique, il faut écrire la vidéo, avoir une sorte de plan à suivre pour ne pas s'éparpiller et savoir si, au final, notre vidéo rendra quelque chose de cool.
Si c'est une vidéo de beauté, je n'écris pas mes vidéos et je la tourne au feeling ! Pour l'écriture, pour ma part, il faut compter entre une heure pour les plus simples, et trois à quatre jours pour les plus complexes.
Une fois ces deux étapes réalisées, il faut tourner la vidéo, encore ici, tout dépend du type de vidéo à faire. Cela

« Coucou tout le monde, j'espère que vous allez bien ! »

peut prendre vingt minutes s'il n'y a pas besoin de bouger la caméra, de trouver la bonne lumière, de changer de tenues ou autre, jusqu'à trois heures de tournage et parfois plus, pour arriver au résultat souhaité ! Lorsque la vidéo est tournée, il faut bien évidemment la monter, cette étape est ma préférée, j'adore faire les montages, surtout quand il y a une musique et qu'il faut tenter d'accorder les images avec la musique. Le montage représente votre image, une vidéo peut être hyper ennuyeuse sans montage, mais avec un bon montage, elle peut devenir très dynamique et intéressante. Je travaille en général dix bonnes heures sur cette étape.
Une fois le résultat final obtenu, je regarde la vidéo. Si elle me plaît, je la poste, si elle ne me plaît pas, je la supprime et j'en fais une autre.
Il m'est arrivé une fois de passer plus d'une semaine à la création d'une vidéo, pour qu'au final, elle ne me plaise pas, et qu'elle finisse dans la corbeille de mon ordinateur.

Mais ce n'est pas fini, il faut encore faire la miniature, vous savez cette petite image qui est censée représenter la vidéo, celle que vous apercevez avant d'avoir envie de cliquer. J'aime aussi énormément cette étape, parfois j'en fais cinq pour la même vidéo et, finalement, je me décide à garder la première, allez savoir pourquoi ! La première idée est peut-être bien toujours la meilleure ! La création d'une miniature est relativement rapide, elle dure environ vingt minutes, après, tout dépend si vous êtes à l'aise ou non avec le logiciel utilisé.

smile everyday

Et voilà, vous savez tout, ou presque, des étapes pour qu'une simple idée se transforme en une vidéo YouTube !

COMMENT AI-JE ANNONCÉ À MA FAMILLE QUE J'ÉTAIS YOUTUBEUSE ?

Au début de mon parcours YouTube, je n'avais pas annoncé à mes parents que je faisais des vidéos, car je savais que s'ils étaient au courant, ils m'interdiraient de continuer. J'ai donc commencé mon parcours seule, jusqu'au jour où j'ai atteint les mille abonnés. Pour vous ce n'est peut-être rien, mais c'est à ce moment-là que j'ai vraiment compris que les gens commençaient à apprécier et à vouloir suivre ce que je faisais, et, surtout, qu'il était temps que j'en parle à mes parents.
À vrai dire, je n'étais pas angoissée à l'idée de leur en parler, car j'ai une technique infaillible !
Je suis descendue dans la cuisine, ma mère était sur son ordinateur, elle ne m'écoutait donc qu'à moitié, parfait !
J'ai attrapé un tube de crème posé sur la table et j'ai dit : « Ah, au fait maman, j'ai parlé de cette crème dans ma vidéo. »
Elle m'a répondu par un simple « OK », j'ai donc conclu qu'elle était d'accord et qu'elle allait en parler à mon père. J'avoue, c'est un raccourci. Ainsi, si jamais ils me reprochaient de ne pas les avoir prévenus, je leur ferais comprendre qu'ils ont tort !

Puis mes parents s'y sont intéressés au fur et à mesure. Afin que je continue à faire mes vidéos, il y avait des conditions à respecter :

- donner le mot de passe de mon compte à mon père ;
- ne pas donner mon adresse ;
- ne pas montrer ma rue ou des parties de ma maison qui permettent d'identifier le lieu où j'habite ;
- transférer tous les mails reçus sur la boîte mail de mes parents.

À cette heure, ces conditions sont toujours d'actualité. Si j'ai un conseil à vous donner, ce serait de toujours en parler à un adulte, car ce monde est cruel et compliqué, il faut donc qu'une personne adulte y jette un œil de temps en temps.

Voilà tout le monde, mon chapitre est terminé, s'il vous a plu, n'hésitez pas à lâcher un pouce bleu et à tourner la page ! Bisous !

« Il faut qu'une personne adulte y jette un œil de temps en temps. »

SPA
ZEN
TOLLENS

Mon premier shooting !

« Ce fut un moment inoubliable que je souhaite de vivre à tout le monde ! ❤ »

8 Mon premier shooting !

« On a voulu, nous aussi, tenter notre chance pour ce casting "sans mensurations exigées". »

Je rêve depuis tellement longtemps de passer dans un magazine, de faire des photos de mode avec un vrai photographe, une vraie directrice artistique, de vraies maquilleuses (make-up artist), une vraie styliste, et le destin a fait que ce rêve a pu se réaliser.

Pour ceux qui ne seraient pas au courant, *Pretties®* est le premier magazine généraliste sans retouches pour les jeunes filles et jeunes femmes. On peut y retrouver de la culture et des informations, plein de conseils et de trucs cool à acheter. Il y a aussi un lookbook de photos de mode sans retouches bien sûr, mais contrairement aux autres magazines, ce ne sont pas des mannequins qui posent, ce sont des lectrices, des jeunes filles comme toi et moi. En effet, le concept est que lorsque vous vous abonnez au magazine, vous pouvez cocher la case « je souhaite recevoir la fiche casting » pour tenter de participer au shooting et ainsi poser dans le mag.

Bref, revenons à nos moutons... Je suis au CDI du collège avec Emma, et à vrai dire, les magazines du CDI ne sont pas très intéressants, entre les BD du Moyen Âge et les magazines anglais, il n'y a rien de très passionnant... Mais cette semaine, c'est la semaine de la presse et des médias, il y a donc un tas de magazines dans lesquels nous pouvons piocher. Emma et moi choisissons donc cette revue, car on a immédiatement accroché à la couverture. On la lit et on adore tout de suite. C'est seulement à la fin que nous remarquons que les modèles qui posent pour les photos sont des lectrices, alors on a voulu, nous aussi, tenter notre chance pour ce casting « sans mensurations exigées ».
Le soir même, en rentrant à la maison, j'ai supplié ma mère pour qu'elle aille chez le marchand de journaux le plus proche me l'acheter, elle a fini par céder et j'ai donc eu mon premier numéro le lendemain.
À vrai dire, j'ai déjà été abonnée à des magazines, mais je n'ai jamais vraiment accroché. En vrai, je me lasse très vite, mais cela fait un certain temps que j'y suis abonnée et celui-là me plaît toujours autant !

Lorsque je reçois ma fiche casting d'inscription pour le shooting, toute heureuse et dans la précipitation, j'appelle ma mère pour prendre quelques photos, les imprimer, les glisser dans une enveloppe avec la fiche et renvoyer tout ça.

Le temps passe, je reçois bien les magazines, mais aucune nouvelle pour participer à leur shooting, je laisse tomber et je finis par oublier. Puis, un jour, l'envie me prend d'en

parler dans une des vidéos sur ma chaîne YouTube, ce n'était absolument pas une vidéo sponsorisée, mais juste dans le but de vous faire découvrir ce magazine et son concept qui m'avaient touchée. Peu de temps après, l'équipe de rédaction tombe sur ma vidéo et m'informe qu'ils n'ont en réalité jamais reçu mes photos. Je suis surexcitée, finalement ce n'est pas que mes photos étaient ratées, c'est qu'ils n'ont tout simplement pas reçu ma lettre !
La créatrice du magazine et directrice de la publication, Sandra, me propose de lui renvoyer mes photos par mail.

Peu de temps après, je reçois un coup de téléphone, je ne connais pas le numéro, je décroche donc avec curiosité :
– Allo.
– Oui, allo, Zoé, c'est Sandra de *Pretties® Magazine.*
– Ah euh, oui bonjour.
– Tu vas bien ?
– Oui et vous ?
– Je vais bien, et tu sais, on peut se tutoyer, ah ah.
– D'accord (rires)
– Donc, je t'appelle pour t'annoncer que... tu as été sélectionnée pour participer au prochain shooting du numéro de décembre-janvier !
– C'est vrai ?!, dis-je en sautant de joie sur mon lit tout en essayant de garder une voix sérieuse. C'est trop bien je suis super contente !
– J'ai voulu t'appeler pour te dire ça de vive voix.
– Oui, mon Dieu, je n'y crois pas !
On parle de tout cela pendant un bon quart d'heure. Lorsque l'appel se termine, je cours en dehors de ma chambre et je crie à ma sœur :
– Manon, je vais être dans *Pretties®* !
– Quoi ? C'est vrai ?

– Oui, je vais être dans le magazine.
– Oh, my god, trop bien !
Puis nous entamons une petite danse de la joie !

Un mois plus tard, je me retrouve dans un train direction Paris pour aller faire ce fameux shooting que j'attends depuis si longtemps.
Une fois arrivées avec ma mère et ma sœur, nous prenons un taxi qui nous emmène dans un hôtel luxueux, dans lequel va se dérouler le shooting.
Je me rappelle que la première chose que j'ai dite en arrivant dans les lieux est : « Oh, mon Dieu, je suis trop stressée, mais j'ai trop envie ! »
Nous descendons du taxi, Chris, qui fait partie de la direction, et Martin, le photographe, nous accueillent. Ils nous conduisent dans une salle au sous-sol. À l'intérieur, les deux autres lectrices abonnées sont déjà là. Il y avait tout le maquillage sorti et toutes les tenues sur les cintres. Sandra nous explique le déroulement de la journée, puis nous présente toute l'équipe, ainsi que Méline et Pauline les deux autres lectrices également sélectionnées pour poser dans le magazine. J'ai des étoiles plein les yeux.
Je commence par la case manucure, puis je file en cabine pour me changer, avant de me faire coiffer et maquiller.
Je suis fin prête pour la première séance, je pose avec Pauline. Je suis très timide, nous devons jouer avec un téléphone rétro, poser les pieds sur la table, rigoler ensemble. Au début, je suis stressée, mais au fur et à mesure, tout va mieux, il y a une bonne ambiance, c'est super.
La première tenue est terminée, je me change (avec le recul c'est ma tenue préférée, un legging gris, un pull rose avec un peu de dentelle, des chaussures lapin et un bonnet).

J'adore ! Cette fois-ci, je dois m'asseoir sur un lit, et ne pas regarder le photographe.
C'est trop drôle, il se contorsionne entre le lit et la fenêtre ouverte ! Puis, c'est l'heure de manger, on se retrouve tous dans la salle, et on déjeune en discutant. Ce qui est bien, c'est que je suis là en tant que Zoé, une lectrice, et non en tant que « Juste Zoé la youtubeuse » ! Ma sœur est très à l'aise avec tout le monde et raconte sa vie, comme à son habitude, et ma mère papote avec les autres mamans.

Une fois la pause déjeuner terminée, je me prépare pour la prochaine photographie, j'enfile ma tenue, une retouche make-up et c'est parti. Surprise ! On quitte l'hôtel pour une photo dans la rue, c'est très bizarre, je dois marcher d'un pas assuré, en faisant des allers et retours en robe et ballerines devant les passants. Mais ça me fait rire. Les prises de vues extérieures sont terminées, je vais faire d'autres photos, mais cette fois dans un hammam, avec Pauline, en tenue de soirée. En réalité, le hammam se trouve dans une chambre d'hôtel occupée, il y a les affaires du client partout, nous ne devons rien toucher et nous dépêcher, car le client va bientôt arriver. Mais chut !
Quand cette séance se termine, je passe plus d'une heure au maquillage et à la coiffure, je me retrouve avec une canette de soda attachée dans les cheveux, un œil dessiné sur la main et des vêtements pastel. Bref, une vraie poupée ! Cette photo est destinée à faire la couverture du prochain numéro hors-série, je suis deux fois plus heureuse. Je vais faire la couverture d'un magazine !
Direction une autre chambre (au décor somptueux), je dois, dans un premier temps me mettre des vermicelles au chocolat de toutes les couleurs sur la langue. Et bien sûr, tirer la langue ! Pour ne pas salir la chambre (même si c'était trop tard !), je me penche par la fenêtre pendant

que Sandra me verse des vermicelles sur la langue, je ne vous cache pas que la scène est hilarante ! Mais au bout de plusieurs essais, on décide d'abandonner, c'est trop compliqué et l'image ne donne pas le résultat voulu !

Plan B : je place ma main sur laquelle se trouve l'œil dessiné de façon à ce que ça donne un effet de second œil, le plus drôle dans tout ça, c'est que je dois ouvrir la bouche. Le photographe me dit donc de crier « WHAT » très fort de façon à ce que ma bouche soit grande ouverte. Imagine-toi à ma place : dans une chambre d'hôtel aux murs ultra-colorés, avec une robe pull rose pastel, une canette de coca dans les cheveux, et un œil sur la main à crier le plus fort possible « WHAT » ! En y repensant, je ne sais pas comment j'ai fait pour ne pas exploser de rire !
Puis, c'est l'heure de la dernière photo, je pose avec Izzi, le loulou de Poméranie de Sandra, petit chien blanc tout mignon. Je le prends sur mes genoux, il, enfin « elle » est super bien dressée, elle regarde le photographe, prend la pause et ne bouge pas !

Lorsque toutes les photos sont terminées, nous nous retrouvons tous dans la salle pour faire un petit débrief, discuter, etc. Sandra nous donne, à Méline, Pauline et moi un petit sac avec tout plein de produits de beauté à l'intérieur, c'est adorable ! Puis vient l'heure de partir, tout le monde s'embrasse et Sandra me glisse à l'oreille qu'elle voudrait me proposer un beau projet et que nous en reparlerons en temps voulu.

Cette journée a vraiment été parfaite ! Une super équipe, une super ambiance, et de superbes rencontres ! Ce fut un moment inoubliable que je souhaite de vivre à tout le monde ! ♥

POW!

Les meet-up

« Être youtubeuse
m'a apporté beaucoup
de choses. »

Juste ~~a girl~~ Zoé

Juste ~~a girl~~ Zoé

9 Les meet-up

« J'avais les larmes aux yeux, vraiment, j'étais hyper touchée. »

Être youtubeuse m'a apporté beaucoup de choses, des opportunités que je n'aurais jamais imaginées, des voyages, des collaborations énormes avec des marques, ou encore le projet d'écrire un livre. Un tas d'événements hors du commun me sont arrivés, et j'en garderai toujours de superbes souvenirs, mais parmi toutes les choses que je viens de citer, il y a un truc qui surpasse tout : le fait de vous rencontrer.

Au cours de ma vie, j'ai effectué plusieurs meet-up, mais trois m'ont vraiment marquée. Chacun à différents moments, et donc à un stade différent sur YouTube. Mais pour chacun d'eux, je garde la même sensation, le même souvenir. Ce stress qui précède l'événement, cette

sensation de bonheur en le vivant, puis la nostalgie en y repensant alors que tout cela est terminé.
Mon premier meet-up s'est déroulé le 11 juillet 2015 (également le jour de mon piratage) dans ma ville : Angers.
Ce n'était pas le plus grand, il n'y avait pas beaucoup de personnes, nous étions une vingtaine. J'avais invité mes amies pour m'aider dans l'organisation, à cette époque je devais avoir aux alentours de 50 000 abonnés. J'avais organisé ça toute seule, ma mère avait appelé la mairie pour prévenir de cette rencontre, on avait acheté des bouteilles de soda, des gâteaux, des bonbons. J'avais contacté des marques pour qu'elles offrent quelques produits afin que je puisse les faire gagner à mes abonnés, on avait mis en place des activités et un tas de trucs trop cool ! Ce qui était bien, c'est que vu que nous étions peu nombreux, je pouvais parler à tout le monde, prendre plusieurs photos, c'était comme si nous étions un grand groupe d'amies ! Il y avait même quelques garçons, deux, je crois.
En arrivant, je me souviens que je n'osais pas aller à l'endroit prévu, dans un kiosque du jardin du Mail. Le meet-up était dans une heure et il y avait déjà des abonnés qui attendaient. Au début, j'étais assez timide, je n'osais même pas parler avec eux ! Heureusement mes amies m'ont poussée à aller les voir et tout s'est très bien passé ! J'en ai même fait un vlog, qui est d'ailleurs toujours disponible sur ma chaîne !

Après ce premier meet-up, il y a eu la Vidéo City Paris les 12 et 13 novembre 2015. Un grand salon, rempli de youtubeurs, de youtubeuses, et d'abonnés. Ça, c'était

« Le fait de pouvoir apercevoir tous vos visages souriants, et pas seulement un chiffre sur un écran... à chaque fois, je nage dans un rêve. »

réservée Carte Pass

PARIS 2017
VIDEO
City

make this moment count

vraiment un truc de ouf ! Ça n'avait rien à voir avec mon petit meet-up à Angers. Non, des centaines et des milliers de jeunes qui criaient et s'affolaient rien qu'à l'idée d'apercevoir leur youtubeur favori. À cette époque j'avais environ 100 000 abonnés, je n'avais donc pas été invitée directement par l'organisation de la VCP, mais j'ai tout de même réussi à y entrer grâce à mon network. Lorsque je suis arrivée, des filles m'ont reconnue dans la file d'attente. Une fois entrée dans le salon je me suis installée dans un petit stand VIP tenu par mon network, cela me semblait assez bizarre, car il y avait des barrières et des vigiles autour, chose que je trouvais complètement absurde. Je voyais les youtubeurs que j'avais l'habitude de regarder sur leur chaîne en vrai, je n'en revenais pas ! Puis, je me suis baladée dans le salon. À peine j'avais mis un pied dehors, qu'une jeune fille est venue me voir. Elle pleurait en me voyant, je m'en souviendrai toute ma vie, elle était trop mignonne, toute petite avec les larmes qui coulaient sur ses joues et son sourire nerveux. Nous avons pris une photo, je lui ai signé un autographe, on a un peu parlé puis j'ai continué mon chemin, rencontrant toujours des abonnés un peu partout dans le salon, mais vu que je n'étais pas très « connue » aucune émeute ne s'est créée, je pouvais encore me balader seule. Le salon a duré deux jours, c'était bien trop court pour moi, j'avais envie de faire ça toute ma vie ! C'est aussi là-bas que j'ai à nouveau rencontré Sandra et Chris, qui m'ont proposé de faire ce livre et nous en avons discuté plus dans les détails !
Un vlog de ce week-end est visible sur ma chaîne !

Juste ~~a girl~~ Zoé

Mais la Vidéo City n'était rien, comparée à ce que je m'apprêtais à vivre, le 28 mai 2016 : la Get Beauty.
Je crois que c'est la chose la plus intense que j'ai vécue de toute ma vie ! Quand j'y repense, je suis encore choquée. Pour résumer, la Get Beauty c'est comme la VCP, mais seulement avec des youtubeuses spécialisées en beauté. J'avais à peu près 500 000 abonnés lors de ce salon, cette fois-ci j'avais été invitée pour faire partie du programme, j'avais un stand et un créneau horaire pour faire mes dédicaces. Nous sommes arrivés à Paris la veille au soir, et j'ai dormi dans un hôtel qui logeait toutes les youtubeuses du salon, ou presque ! J'ai donc partagé ma chambre avec celle que vous connaissez bien maintenant : Clémence ! Le lendemain matin, en me préparant, j'avais la boule au ventre, j'étais persuadée que personne ne viendrait me voir, qu'ils iraient tous voir les autres youtubeuses et que j'a lais avoir même pas dix personnes à mon stand. L'organisation nous avait réservé des taxis pour nous accompagner au salon. Évidemment avec la chance que j'ai, celui que j'ai pris avec une dizaine d'autres youtubeuses, nous a emmenées au mauvais endroit. On était dans une écurie abandonnée et le salon commençait dans trente minutes. Heureusement, le lieu n'était pas très loin, et on a su retrouver le chemin à pied.

« Je vis une énorme foule devant mon stand, qui criait mon nom et attendait avec impatience de me voir. »

FILA
PARIS 2017

Quand je suis arrivée là-bas, avec des amies, on avait envie de faire un petit tour dans le salon, et de voir comment tout cela était fait. En sortant, nous nous sommes fait accompagner par quatre vigiles, je trouvais ça très bizarre, et je ne comprenais pas pourquoi, jusqu'à ce que j'entre dans la salle où plus de 10 000 abonnés étaient présents. Un énorme groupe s'est mis à crier mon nom en s'agitant en me voyant. J'avais les larmes aux yeux, vraiment, j'étais hyper touchée, je ne m'imaginais pas que cela pouvait m'arriver, j'avais envie de leur faire à tous des câlins, mais c'était impossible… Quand l'heure de mes dédicaces arriva, accompagnée de deux vigiles (oui, ils nous accompagnent partout, même pour aller aux toilettes, croyez-moi, je ne me sentais pas à l'aise), je vis une énorme foule devant mon stand, qui criait mon nom et attendait avec impatience de me voir. Chacune des filles qui passaient me faisait encore plus plaisir, des photos, des autographes, des bisous, des câlins, des cadeaux, c'était un rêve ! Je suis rentrée chez moi des étoiles plein les yeux, et des dizaines de cadeaux dans les bras ! Lorsque je regarde le vlog que j'ai fait, j'en ai encore les larmes aux yeux et je ressens toujours cette sensation indescriptible de bonheur !

Ces moments-là sont ceux que je préfère, c'est tellement quelque chose d'incroyable qui arrive, le fait de pouvoir apercevoir tous vos visages souriants, et pas seulement un chiffre sur un écran... à chaque fois, je nage dans un rêve.
Même si les meet-up sont très fatigants, je pourrais faire ça tous les jours ! MERCI !

Mes phobies
Mes peurs

« Ce n'est pas comme si je pleurais en partant en courant à chaque fois qu'un papillon s'approche. »

10 Mes phobies... Mes peurs...

« Le soir je me fais des films dans ma tête avant de dormir. »

Dans ce chapitre, j'ai tout simplement voulu partager avec vous mes peurs, mes phobies ou mes petites craintes du quotidien…

Si vous me connaissez, vous devez savoir que j'ai une énorme phobie, mais pas une phobie banale, non.
Tous mes proches se fichent de moi quand je leur dis, alors s'il vous plaît, soyez indulgents !
Il y a des filles qui ont peur des araignées parce que c'est moche, d'autres des guêpes parce que ça pique et certaines des serpents, parce que c'est dangereux. Et puis

il y a moi, j'ai peur des papillons. Pourquoi ? Très bonne question…
J'ai fait des recherches, et cette phobie se nomme la « lépidophobie ». Quand vous cherchez sa définition, vous trouvez : crainte exagérée des papillons.
Exagérée vous dîtes ? Non, je ne vois pas de quoi vous parlez, ce n'est pas comme si je pleurais en partant en courant à chaque fois qu'un papillon s'approche à moins de cinquante centimètres de moi. Bon, peut-être un peu, j'avoue.
Vous devez trouver ça très bizarre d'avoir peur des papillons, ce sont des petits êtres tellement beaux, avec des couleurs vives et des ailes virevoltantes. Mais non, pour moi, c'est très moche, disgracieux et inutile, leurs ailes qui vont dans tous les sens, leurs petits yeux qui vous fixent… Rien que d'y penser j'en ai des frissons.

Trêve de plaisanteries, étant petite, j'avais peur des feuilles mortes, je pense que c'est de là qu'est venue ma phobie. J'ai beau essayer, je n'arrive pas à savoir d'où elle pourrait venir, peut-être qu'étant bébé je me suis violemment fait agresser par une horde de papillons, ou alors c'est mon berceau en forme de papillon qui m'a marquée.
Si vous avez le malheur de vous retrouver dans la même pièce que moi, et qu'un papillon surgit, préparez-vous à boucher vos oreilles et à attraper ce papillon le plus vite possible…

Avec le temps, cette peur s'est un peu atténuée, et heureusement d'ailleurs !

Un jour avec ma classe nous faisions une sortie scolaire, on passait dans un petit bois et bien évidemment en plein été, ça grouille de papillons. Lorsque l'un d'eux a frôlé ma tête, mon corps s'est rempli de milliers de frissons et je me suis mise à pleurer… Devant tout le monde, oui, je précise que ceci date de seulement une petite année, j'avais tellement peur de ça, que l'endroit même où le papillon m'avait touchée me répugnait et je ne voulais même pas y toucher ! Maintenant quand je les vois dehors ça ne me fait plus rien, je trouve un moyen pour les éviter, et sinon, j'essaye de prendre sur moi. En revanche, quand c'est à l'intérieur, je suis toujours aussi peureuse. Le fait de me retrouver enfermée avec cet insecte me répugne.

Je vous ai parlé de ma plus grande phobie, mais j'ai aussi de toutes petites peurs.
Par exemple, j'ai tout le temps peur que l'on m'observe. Le matin quand je marche pour aller à l'arrêt de bus, j'ai peur que quelqu'un me suive avec un pistolet ou une autre arme et que je n'arrive jamais en vie à mon arrêt de bus. Sinon, quand je suis dans mon lit, j'ai peur qu'une personne soit cachée derrière la serrure de ma porte et regarde tous mes faits et gestes. Ou bien quand je suis sous ma douche, je m'imagine qu'un psychopathe a installé des microcaméras dans les gouttes d'eau pour m'observer ou bien lorsque je suis dans le noir complet de ma chambre, j'ai peur d'apercevoir un œil rouge me regarder… Je sais que je suis un peu folle, mais les films d'horreur n'arrangent rien à ça ah ah !

Cette peur provient d'une rumeur qui avait été lancée en 2012 comme quoi des hommes observaient des jeunes filles à travers la webcam de leur ordinateur, depuis ce jour, je colle un petit morceau de scotch sur celle-ci, on ne sait jamais…
J'ai également peur de me réveiller en sursaut et de m'apercevoir que ma maison est complément en feu, mais que je suis impuissante, prisonnière des flammes, entendant mes frères et ma sœur crier. Parfois, le soir je me fais des films comme ça dans ma tête avant de dormir, et je dois dire que ce n'est pas une très bonne idée, car en général, je fais des cauchemars de ce genre du coup…

Mais une de mes plus grandes peurs serait de perdre ma chaîne YouTube, que du jour au lendemain, hop, plus rien, disparue !

Je me suis déjà fait pirater, c'était le 10 juillet 2015. Il est 10 heures, je me lève, comme tous les matins de vacances, je check mon téléphone, encore à moitié endormie.
Et quelques minutes plus tard, je reçois un message très inquiétant de ma meilleure amie : « ZOÉ, TU T'ES FAIT PIRATER. VA VOIR SUR YOUTUBE, ÇA FAIT PEUR ! »
Ne prenant pas du tout ça au sérieux, j'attrape mon ordinateur dans le plus grand des calmes, et regarde ma chaîne YouTube, et en effet, toutes mes vidéos ont été supprimées excepté une, qui n'était d'ailleurs pas de moi. Le pirate l'avait postée. Dans celle-ci il me rabaissait et disait qu'il était de son devoir « d'exterminer les youtubeurs néfastes ».

« J'ai tout le temps peur que l'on m'observe. »

Après avoir pleuré un bon coup, je reprends mes esprits et comprends que je n'ai jamais fait de copies de ces vidéos, qu'elles sont à jamais perdues. Tout ce travail depuis plus d'un an, en un seul clic vient de disparaître, 7 millions de vues envolées… Mais je ne me laisse pas abattre, la peur que ce pirate soit encore sur ma chaîne et la supprime définitivement me motive, je modifie tous mes mots de passe et préviens mes abonnés de cet incident.
Après plus de deux heures à chercher un moyen de retrouver mes vidéos, j'abandonne.

J'ai eu de la chance cette fois-ci, seules mes vidéos ont été supprimées, mais le fait de perdre ma chaîne que j'ai façonnée depuis maintenant trois ans, de perdre ce lien avec mes abonnés me fait extrêmement peur. Ma chaîne YouTube, mes abonnés, c'est vraiment une deuxième famille, un deuxième chez moi, et si tout cela disparaissait sans que je puisse vous le dire, ou même le vouloir, je pense que je le prendrais très mal et que je serais terriblement triste.

Maintenant, vous en savez un peu plus sur moi, sur mes peurs. On a tous des phobies différentes, il ne faut pas en avoir honte au contraire, dites-vous qu'il y a toujours pire et que ce n'est pas ça qui doit vous gâcher la vie ☺.

Les cours

« Le premier jour, personne n'est venu m'en parler, je me suis dit : Chouette, je suis passée inaperçue ! »

11 Les cours

« Je trouve qu'on se prend beaucoup trop la tête alors qu'en vérité on ne devrait pas. »

Sais-tu que l'on passe environ 20 % de notre vie en cours ? Oui oui…

Les cours, c'est hyper ennuyeux, genre devoir se lever tous les matins à 7 heures, aller en cours pour entendre tes profs parler sur des sujets que tu n'apprécies pas forcément, puis être enfin libres, sortir du lycée et s'apercevoir que tu as une tonne de devoirs à faire pour le lendemain… Ça ne s'arrête jamais !

Mais bon, heureusement le lycée ce ne sont pas que des mauvaises choses, on se fait de nouveaux amis, on commence à travailler des matières qu'on ne faisait pas avant, et on est plus libre.

Pour moi, l'entrée au lycée s'est hyper bien passée. Je ne connaissais personne, à part deux de mes amies, mais je

make TODAY amazing

suis tombée dans une classe avec une amie. Puis, au fil des jours, nous nous sommes rapprochées de gens avec qui le feeling est super bien passé ! Pour mes vidéos, c'est une autre paire de manches… En fait, le premier jour, personne n'est venu m'en parler, je me suis dit : « Chouette, je suis passée inaperçue ! »
Mais j'ai vite appris que dès mon arrivée au lycée la nouvelle de « la seconde qui fait des vidéos sur YouTube » s'était répandue. Bizarrement personne n'est venu m'en parler en face, j'entendais toutes sortes de choses à mon sujet, à droite et à gauche, parfois même lorsque je passais devant un groupe de gens, j'entendais « c'est elle, la youtubeuse, regarde », mais je me disais que les gens allaient s'habituer, et qu'au fil de l'année ça allait se calmer…

Je trouve qu'on se prend beaucoup trop la tête alors qu'en vérité on ne devrait pas. C'est vrai, quand je vois les filles qui se prennent le chou à savoir ce qu'elles vont mettre, comment elles vont se comporter, etc. Il faut être soi-même. Si tu commences à vouloir changer pour plaire aux autres, arrête tout de suite, tu fonces droit dans le mur ! Il faut que les gens t'apprécient pour ce que tu es toi et non l'image que tu te fais. N'aie pas peur du regard des autres, c'est vrai qu'en 2de, tu as tendance à te dire que tu es la plus petite et qu'il ne faut pas que tu te fasses remarquer, mais ce n'est pas vrai, personne ne prêtera attention à la façon donc tu es habillée, coiffée, maquillée. Justement au lycée, c'est ça qui est cool, les gens sont bien plus tolérants et ouverts d'esprit. Après, tout dépend du lycée, mais je sais que dans le mien, il y a tous les types de styles, de personnes, etc. Et puis, comme j'ai l'habitude de dire «

tu t'en bats les fesses ! », c'est ta rentrée, alors arrange-toi pour que ce soit un beau souvenir ! Ne stresse pas, ça n'en vaut pas la peine !
Après pour celles qui rentrent en 3e, il y a le fameux brevet en fin d'année ! Alors ça, c'est tellement pénible, tout le monde t'en parle, dès la rentrée tu as le droit aux : « Bon c'est la dernière ligne droite avant le brevet, alors on bosse » ou alors « le brevet à la fin de l'année, il faut tout donner ».
Alors qu'en vérité, le brevet ce n'est rien. Si des profs passent par ici et lisent ceci, sachez que c'est une bonne chose de nous mettre en garde, mais ce n'est pas la peine de nous faire un décompte du nombre de mois et de jours qu'il reste avant le brevet. D'autant plus que c'est tellement simple ! Si tu travailles sérieusement tout au long de l'année, tu es sûr de l'avoir, rien qu'avec les bases que tu auras et les points d'avance. Par travailler sérieusement : j'entends faire ses devoirs, et écouter un minimum en cours hein, pas de faire l'intello et d'apprendre tes cours par cœur loin de là. Mais ça ne sert à rien de réviser dès le mois de septembre ! De mon côté, je me suis mise à réviser seulement deux semaines avant le brevet, bon après c'est vrai que j'avais une bonne moyenne donc j'avais seulement sept points à rattraper… C'est ta dernière année au collège alors profite, tu n'y reviendras plus jamais ! Je sais que moi j'avais vraiment hâte de quitter le collège, quatre ans à voir les mêmes têtes tous les jours, sérieux je n'en pouvais plus ! Mais j'ai quand même passé une superbe année. Et puis on ne va pas se le cacher, quand tu es en 3e, tu fais

smile everyday

partie des plus grands du collège et ça, ce n'est pas mal aussi ☺.
Vers la fin de l'année, tu as le brevet blanc, en gros, c'est comme le brevet, sauf que c'est une sorte d'essai, pour te mettre en condition de l'examen. En général, le brevet blanc est plus dur que le brevet, après je dis ça, mais j'ai mieux réussi mon brevet blanc que le vrai brevet, ah ah.
Il y a différentes techniques de révision :
– Ceux qui font des fiches bristol avec 2 089 couleurs et 466 fluo.
– Ceux qui relisent leur cours et qui y vont au talent.
– Ceux qui galèrent, car ils n'ont rien suivi de l'année et qui se réveillent au dernier moment.

Pour ma part, j'appartenais au premier groupe.
J'ai aussi regardé des vidéos sur YouTube qui expliquaient des notions que je n'avais pas comprises, et ça m'a bien aidée !
Bref, ce n'est peut-être pas très joyeux de lire un truc sur les cours, mais c'est important aussi dans la vie (Zoé philosophe).
S'il y a un seul truc que tu dois savoir, c'est que si tu es bien, en accord avec toi-même, souriante et que tu ne restes pas dans ton coin, il n'y a aucune raison que cela se passe mal ☺.

« N'aie pas peur du regard des autres »

Les profs

« Je l'ai choisi, je suis une "figure Internet" et j'assume. »

12 Les profs

« Le mot s'est vite propagé avec le bouche-à-oreille. »

Que vous soyez au lycée ou au collège, vous avez forcément fait face aux profs.
Il y en a qui sont super gentils et qui réussissent à te faire aimer une matière avec laquelle, de base, tu n'as pas d'affinité, et ceux-là, sérieusement, je les aime ! Les cours dynamiques, avec un fil conducteur et les profs qui nous font travailler de manière hyper cool, je les aime, mais il y en a d'autres, ce n'est pas tout à fait ça…
Entendre des « vas jeter ton chewing-gum », « ne garde pas ton manteau en cours ! », « assieds-toi bien », « ne te retourne pas », « arrête de bavarder ». Et encore, il y en a d'autres… ça commence à être saoulant. Il faudrait penser à changer de disque, d'ailleurs je ne comprends pas

pourquoi les chewing-gums et les manteaux sont interdits en cours, on ne dérange personne, certains trouvent ça mal poli, mais dans les classes à 8 heures du matin, il fait hyper froid, alors quand tu as oublié de mettre un pull, bah tu cailles, alors tu gardes ton manteau !
Mais bon, je ne suis pas là pour faire un podcast sur les profs.
J'étais en cours d'espagnol et je m'ennuyais énormément, et j'ai eu l'idée de vous faire un chapitre sur les profs, les cours, et mes petites anecdotes qui tournent autour de ça. Car oui, être youtubeuse à 16 ans, c'est super cool, mais ça intrigue les gens, et les profs aussi. Quand ils sont au courant, ils ne peuvent pas s'empêcher de faire des réflexions, ou de te poser des questions, et parfois, c'est très embarrassant ! ☺

Mes professeurs ont appris que j'étais « youtubeuse », lors d'un voyage en Espagne. Il y en avait déjà quelques-uns qui étaient au courant, le mot s'est vite propagé avec le bouche-à-oreille, et en sortant du bus, une de mes profs est venue me voir et m'a demandé ce que c'était exactement « YouTube » et combien j'avais de « suiveurs ». À cette époque, je devais en avoir 250 000, alors quand je lui ai annoncé ce nombre elle était choquée : elle pensait que j'en avais que quelques centaines, elle n'en revenait pas.
D'ailleurs, lorsque notre voyage scolaire fut terminé, en rentrant en France, on s'était arrêté sur une aire d'autoroute, il était en environ 7 heures, et on prenait notre petit déjeuner à cet endroit. Une autre classe qui devait sûrement aussi voyager est entrée, et là je commençais à entendre « C'est elle, la youtubeuse, c'est Juste Zoé », dès qu'on passait à côté de moi.

Imaginez, Zoé, après dix heures de bus, ayant dormi seulement une heure, avec des milliards de couvertures sur moi, perdue en pleine cambrousse dans un coin paumé de la France, j'ai réussi à croiser des abonnés ! Alors là, franchement, j'étais à mon tour vraiment choquée !

Mais ce n'est pas la seule aventure qui m'est arrivée.
J'étais en cours de mathématiques, on travaillait sur les équations, j'étais en train de faire un exercice, et le prof m'appelle au tableau pour aller résoudre une équation qu'il venait d'écrire. Je me lance dans la résolution du calcul, pour finalement m'apercevoir, que c'est tout bonnement impossible…
Je le regarde d'un air douteux, et je lui dis que je n'y arrive pas. Sais-tu ce qu'il me répond ? Non, tu ne sais pas, mais je vais te le dire tout de suite. Il me regarde et réplique :
« Tu as raison, c'est impossible, la prochaine fois, tu mets des équations exactes dans tes vidéos. »
Sur le coup, je n'ai pas saisis, et en me repassant la phrase en tête, J'AI ENFIN COMPRIS !
En fait, j'ai posté sur ma chaîne une vidéo dans laquelle je parle des profs, et dans celle-ci, j'imite un prof de maths en écrivant une équation au tableau. Mon prof avait repris la même équation, qui était fausse, car je l'avais bien évidemment inventée, et me l'a fait refaire devant la classe !
Sur le coup, j'étais gênée, mais quand j'y repense, c'est bien joué de sa part, c'est assez drôle !
Sinon, j'ai aussi eu droit à la séance de projection de mes vidéos en cours d'anglais, et ce, devant toute la classe…
On devait dire ce qu'on aimait faire ou un truc du genre, et j'avais répondu : des vidéos. Une personne dans la classe

a crié « ah oui, allez voir sa chaîne, c'est Juste Zoé ». Du coup, la prof est allée voir ma chaîne et mes vidéos, avec le rétroprojecteur allumé, pour que toute la classe puisse en profiter, sinon ce n'est pas drôle, bien sûr ! C'était assez gênant pour moi de voir ma tête projetée en gros plan, sur le tableau à vrai dire…

J'assume complètement ce que je fais et l'image que je peux renvoyer à mes abonnés, mais dans des situations comme cela, c'est assez embarrassant. Quand je suis avec mes amis, tranquillement, et que des abonnés viennent me voir, ou encore pire, me prennent en photo à mon insu… D'ailleurs, il y a quelques jours, je mangeais au self du lycée, et mon lycée est mi-collège mi-lycée, du coup on a le self en commun. Je mangeais, et je vois deux collégiennes qui viennent me voir avec un papier pour que je leur fasse un autographe, cela m'a mise un peu mal à l'aise, mais je l'ai fait, me disant qu'après ça ce serait fini… Sauf que je ne m'attendais absolument pas à ce qu'une vingtaine de filles arrivent à ma table pour me demander des autographes.
Vu que je n'ose pas dire non, je l'ai fait, mais j'étais très mal à l'aise. Mes amis aussi d'ailleurs, et je les comprends, tous les lycéens me regardaient, c'était horrible…
Mais bon, c'est comme ça, je l'ai choisi, je suis une « figure Internet » et j'assume. Mais, parfois, ça peut être légèrement déstabilisant ☺.

Profiter de sa jeunesse

« Mais sache qu'avant de trouver le (la) prince(sse) charmant(e), il en faudra des grenouilles. »

13 Profiter de sa jeunesse

« Je profite de la vie en vivant chaque instant intensément. »

J'ai décidé de consacrer ce chapitre à la vie d'ados, tous ces moments où l'on se sent bien, lorsque nous sommes avec nos amis ou notre famille et que l'on profite de la vie sans se soucier de rien : être heureux.
Mais je vais aussi écrire sur les jours où, dans cette période, les choses ne sont pas tout le temps toujours roses.
J'ai posé une question à mes parents : si jamais ils avaient l'occasion de revenir dans le passé et de revivre une période de leur vie, ce serait laquelle ?
Ils m'ont répondu qu'ils aimeraient avoir entre 15 et 20 ans et revivre leurs années lycée. Demandez aussi à votre tour à vos parents. La plupart vous répondront certainement toujours la même chose : que les meilleures années sont

celles de l'adolescence, quand on commence à avoir des libertés, à tenter des choses, et à vivre des expériences folles.
Même si on se dit que l'on a une vie nulle, que l'on n'a pas d'indépendance, que nos amis ont toujours une meilleure vie que nous, c'est faux. Faites pause un instant et réfléchissez...
Remémorez-vous, vos premières soirées entre amis, la musique à fond, où tout le monde danse chante, sans ne se soucier ni de l'heure ni même des voisins.
Souvenez-vous de vos premières virées au cinéma sans vos parents, de la première fois où vous avez pu aller faire du shopping entre amis, de la première fois où vous avez embrassé quelqu'un, d'une soirée en vacances sur la plage autour d'un feu de camp avec de la musique en train de refaire le monde.
Moi, si je devais décrire le bonheur, ce serait ça, tous ces petits moments de l'adolescence où l'on est heureux.
Mais quand on grandit, on s'aperçoit que dans les soirées entre amis le jus d'orange sans pulpe devient accessoire, l'alcool prend de plus en plus de place dans les verres, les bougies parfumées à la vanille deviennent des cigarettes à la nicotine et au goudron, et parfois même, on s'y voit proposer de la drogue.
Pour certains, s'amuser et profiter rime forcément avec boire et fumer. Je ne suis pas du tout de cet avis, une soirée peut être dix fois mieux sans rien de tout cela plutôt qu'une soirée où tout le monde, pour être crue, « se défonce ». Le problème maintenant, c'est que lorsque tu ne fumes pas, que tu ne bois pas, alors tu es considéré(e) comme un ou une coincé(e) qui ne sait pas s'amuser et profiter de la vie.

Les gens ne comprennent pas que tu n'as tout simplement pas envie de cela, que ce n'est pas indispensable pour toi.
C'est vrai que boire un verre ne va pas te rendre saoule, ou fumer une cigarette ne va pas te faire mourir, dans tous les cas, tu seras forcément confrontée un moment ou un autre à ce choix d'essayer ou pas, voir ce que ça fait, et rassure-toi, c'est tout à fait normal, tout le monde passe par là. Si tu en as envie, franchement fais-le, rien ne t'en empêche, mais il ne faut pas que tu boives ou fumes juste parce que « tout le monde le fait et que c'est trop stylé ».
C'est sûrement bien plus drôle de voir des gens avec la tête à 90 degrés que de l'être soi-même.

Moi je profite de la vie en vivant chaque instant intensément, je ne pense pas au passé, ou au futur, quand quelque chose de cool arrive dans ma vie je me mets à fond dedans, et parfois je ferais un peu mieux de réfléchir aux conséquences, mais bon, on est jeune !
Je me construis un maximum de souvenirs, car c'est de ces moments-là qu'il faudra se souvenir quand on aura 20 ou 30 ans, de ces moments où, un peu comme dans les films tu vois les gens danser et s'amuser en noir et blanc au ralenti avec une musique nostalgique, et que tu te dis : LÀ c'était tellement bien.
Mais ces moments de bonheur ne sont pas forcément tout le temps au rendez-vous, parfois ils alternent avec d'autres passages un peu moins joyeux, quand tu n'as qu'une seule envie c'est de t'enterrer à un mètre sous terre, et de vivre dans ton lit jusqu'à la fin des jours.

Ce moment-là tout le monde y passe, et chacun pour différentes raisons, il y en a qui seront dans cet état à cause d'une rupture.

La première fois que quelqu'un nous quitte, si on aimait vraiment la personne, que ce n'était pas juste « sortir avec quelqu'un pour ne pas être célibataire », on se retrouve anéantie. On se dit que l'on a perdu l'amour de sa vie, que l'on ne retrouvera jamais l'amour, et que de toutes les façons « les gars, ce sont tous des abrutis ». Le soir dans ta chambre sous ta couette avec une musique triste (bien sûr cette musique doit être mélancolique, pour te mettre encore plus mal), tu repenses à chaque moment passé ensemble en regardant vos photos, et tu pleures jusqu'à ce que tu sois trop fatiguée. Se faire larguer passe par plusieurs étapes. La première, c'est la tristesse, comme je viens de l'expliquer, puis tu passes par la colère, tu le (la) détestes et tu as envie d'aller le (la) voir et de lui dire ses quatre vérités, tandis que de son côté il (elle) t'ignore et fait le (la) fier(e) sur les réseaux sociaux…
Puis vient la dernière étape où tu finis par ne plus lui porter aucune attention, tu te moques de tout, quoi qu'il arrive dans ta vie, tu es 100 % zen, apaisée. Je tire cette petite théorie de mes propres expériences, ce n'est pas forcément ça pour tout le monde.
Mais sache qu'avant de trouver le (la) prince(sse) charmant(e), il en faudra des grenouilles, alors ne te laisse pas abattre pour ça, sèche tes larmes et sors de ce lit.

Profite de la vie et de toute la joie qu'elle te procure au quotidien.
Encore une fois, on est certainement en train de vivre nos meilleures années, alors ne te mets aucune barrière et profite, réalise tes rêves, vis intensément.

Be a girl

« Pourquoi les femmes auraient-elles moins de pouvoir que les hommes ? »

14 Be a girl

« Il y a aussi des inconvénients, des galères qui font partie de notre vie. »

Bon les filles, entre nous… c'est beaucoup mieux d'être une fille que d'être un garçon !
Il y a plein de petits trucs qui rendent la vie féminine bien mieux que celle des hommes. (Je ne critique absolument pas leur vie, elle est sûrement très bien aussi, hein.) Mais personnellement, je préfère être une femme ! J'imagine que tu attends de savoir pourquoi ?

Pour commencer, une femme vit plus longtemps, oui oui, c'est vrai ! C'est prouvé scientifiquement, je l'ai vérifié de mes propres yeux ! (85 ans pour les femmes et 78,9 ans pour les hommes en France.)

Nous avons aussi le droit à la galanterie, alors moi ça J'ADORE ! Le fait que le garçon fasse le premier pas en amour, qu'il nous ouvre la porte, qu'il nous invite au restaurant (même si ça ne m'est malheureusement pas encore arrivé !).
Côté physique, les cheveux longs (bon oui, c'est vrai, certains mecs laissent pousser leur crinière), ça, c'est un bon point aussi et même si toutes les filles n'en ont pas. On a la chance de pouvoir faire plein de coiffures : tresses, queues-de-cheval, chignons, brushing, les lisser, les onduler, les friser, ça devient presque un accessoire qui nous caractérise… Bref, tous les jours on peut changer de tête et ça, c'est plutôt cool !
Dans le même domaine, on a le maquillage, même si toutes les filles ne se maquillent pas, elles n'ont pas l'âge ou alors tout simplement elles n'aiment pas, on a le choix ! Du moment qu'on se maquille RAISONNABLEMENT, c'est quelque chose de vraiment sympa. Le matin, lorsque je me lève avec la tête dans le brouillard et que je dois me préparer pour aller en cours, ma deuxième partie préférée dans ma « petite routine du matin », c'est le make-up ! La première étant le petit déjeuner bien évidemment ☺.
Et enfin, pour finir, la chose qui est vraiment agréable quand on est une femme, c'est le fait qu'il y ait des multitudes de vêtements pour nous !
Les hommes n'ont pas trop de diversité au niveau des vêtements, c'est généralement les mêmes choses dans les magasins, la différence entre la taille des rayons pour femmes et celui pour hommes est bien représentative de ce que je viens de dire ! De notre côté, on a le choix avec des milliers de robes, de tee-shirts, de jupes, de jeans, de pulls, de chaussures et j'en passe. Par exemple, pour

un événement, tel que le mariage, le mari a toujours un costard (qu'il soit noir et blanc, noir ou blanc !), alors que la mariée a le choix entre des dizaines et des dizaines de robes plus diverses les unes que les autres.

Je viens à l'instant d'énumérer quelques raisons pour lesquelles je trouve que c'est cool d'être une femme, mais je ne vais pas te le cacher, il y a aussi des inconvénients, des galères qui font partie de notre vie.

« Les femmes prendront le contrôle de la Terre et on sera les reines. »

Premièrement, je pense que tu l'auras deviné : les règles… Une fois par mois, tu te retrouves avec du sang qui coule dans ta culotte… pas très glamour tout ça ! Mais attends, ce n'est pas fini, puisqu'en plus de connaître les chutes du Niagara, on a aussi le droit à des douleurs au ventre, des maux de tête, on se sent sale tout le temps, on est obligé de mettre des tampons ou des serviettes… Et, un conseil, il ne faut pas s'amuser à énerver une fille qui a ses règles, car on peut être très irritable, ce n'est pas un mythe. Bien évidemment, chaque femme perçoit ses règles de différentes façons, certaines ne vont absolument rien sentir, d'autres se tordront de douleur, mais ça, c'est certainement la génétique.

girl power

La première fois que j'ai eu mes règles, j'étais allée faire du shopping avec mes amies, j'avais horriblement mal au ventre. Lorsque je suis rentrée chez moi, et que je suis allée aux toilettes, j'ai vu LA chose. Prise de panique, j'ai tout de suite appelé ma mère en criant, cela me dégoûtait, vraiment je n'osais même pas regarder. Mais bizarrement, j'étais contente de les avoir eues ce jour-là. En fait, ma plus grande peur était de les avoir au collège, au moins là c'était fait, j'étais dans de bonnes conditions je dirais.
Quand cela t'arrivera, si bien sûr cela ne t'est pas encore arrivé, parles-en avec ta mère. C'est elle qui t'aidera le plus, elle a de l'expérience et te donnera de bons conseils, n'aie pas honte surtout, on est toutes concernées !

Allez, restons dans les choses très glamour, je vous propose de parler de l'accouchement, tu te doutes sûrement que je ne suis pas encore passée par là, heureusement, car enceinte à 16 ans, ce n'est pas top et certainement rarement voulu, j'imagine.
Déjà, passer neuf mois avec un énorme ventre, et continuer à vivre, je ne sais pas comment ma mère a fait, moi je serais cloîtrée dans mon lit, scotchée à mon ordinateur en mangeant des chips et en attendant que le temps passe.
Et en plus, ce n'est pas tout, il faut… accoucher ! D'après ce que j'ai entendu, je n'ai pas trop envie de m'y essayer, ça n'a pas l'air d'être une partie de plaisir. Quand ma mère a accouché de mon petit frère, elle a perdu les eaux, jusqu'à ce jour-là, je pensais que l'on disait « perdre l'os » et que quand ça nous arrivait, la maman perdait tous les os

de son ventre pour laisser le bébé sortir tranquillement… Oui…
Être une fille veut aussi dire de subir un tas de discriminations et de réflexions, car oui, si une fille a le malheur de sortir avec plusieurs garçons en un laps de temps assez court, elle est caractérisée comme une fille facile. Or, si c'est un garçon qui fait ça, c'est un Dieu ! Un peu comme le roi de la cour de récré.
Malheureusement, également dans la vie professionnelle les femmes sont discriminées : pour un même travail, les femmes sont moins payées que les hommes. Pourquoi ? Alors là aucune idée mais une chose est sûre, c'est vraiment pathétique ! Pourquoi les femmes auraient-elles moins de pouvoir que les hommes ?
En France, nous avons encore de la chance, mais dans d'autres pays, c'est bien plus compliqué…
Parfois, il peut arriver que des femmes se fassent harceler dans la rue par des petits malins qui pensent que la femme est un chien, je connais des filles qui ont même peur de sortir seules dans la rue à cause de ce genre de mecs. Ce n'est pas mon cas, et heureusement d'ailleurs, car je trouve ça désolant qu'en tant que femme on doive subir l'insolence de petits malins qui se croient drôles en ne respectant pas la femme, à l'appeler, la siffler dans la rue.

Si des garçons ont lu ce chapitre, j'espère qu'il vous permettra de mieux comprendre les femmes. Et les filles qui viennent de lire cela, sachez qu'un jour, les femmes prendront le contrôle de la Terre et on sera les reines ☺.

Alimentation

« C'est vrai parfois (souvent), il m'arrive de craquer c'est sûr. »

15 Alimentation

« Plus on grandit et meilleure devient la cantine et tu trouves ça normal ? »

« Pour bien grandir, mange au moins cinq fruits et légumes par jour. »
« Pour être en forme, dépense-toi bien. »
« Pour bien grandir, ne mange pas trop gras, trop sucré, trop salé. »
« Pour être en forme, évite de grignoter dans la journée. »

Ces phrases, tu les as entendues un millier de fois ou bien alors dans le cas contraire c'est que tu vis dans une grotte ! Tu sais, ces campagnes de communication de prévention qui passent entre des pubs pour la pâte à tartiner, les sodas ou les bonbons !

YEAH
MORE
YEAH
MORE

On nous rabâche sans cesse les oreilles avec ces conseils alimentaires, puisque mine de rien, c'est un vrai problème de santé.

Le fait de mal se nourrir, de grignoter et surtout de ne pas faire d'exercice peut avoir de terribles conséquences sur notre santé. Surpoids, obésité, diabète, problèmes cardiaques... et bien d'autres choses. Et tout cela peut se jouer dès notre plus jeune âge.
Donc, c'est dès aujourd'hui qu'il faut être attentif à soi, à son corps, à sa façon de s'alimenter, ou encore à sa pratique sportive.

De mon côté, j'essaye d'être attentive à ce que je mange ; bon, c'est vrai parfois (souvent), il m'arrive de craquer c'est sûr ! Quand je rentre des cours je mange énormément de pain, et parfois même des chips, je ne suis pas tellement un exemple à suivre ☺.
Je ne suis pas trop attirée par le sucré, les bonbons, le chocolat, les sodas, ce n'est pas trop mon truc, je préfère de loin le salé, les gâteaux apéro, les pop-corn, les toasts, et le saucisson !
Ça me rappelle des vacances chez mes grands-parents. Tous les jours, nous allions au marché du village, une sorte de rituel : « Dis mamie, on va au village faire un tour de manège, mamie tu donneras des sous pour qu'on s'achète des bonbons... » Eh bien, moi, je ne rentrais pas avec un sachet de bonbons comme mes cousines, mais plutôt avec trois mini-saucissons achetés sur le marché ; ça faisait bien rire mon papi à notre retour !
Même si cela peut paraître mieux de préférer le sel, détrompe-toi, c'est tout aussi mauvais !

Mais manger doit rester un moment de plaisir et non pas de privation ; il faut juste trouver le bon équilibre, car si on se prive trop, un jour on va craquer et s'enfiler des paquets de cochonneries.

D'ailleurs, j'ai remarqué une chose et peut-être que tu rejoindras cette idée. Quand on est petit à l'école maternelle et primaire, la cantine, ce n'est pas très bon.
J'ai des souvenirs de repas où je ne mangeais que du pain et le dessert tellement le reste était immangeable, tu te souviens de la langue de bœuf, ça, c'était quelque chose qui me dégoûtait au plus haut point et je ne mangeais rien du repas !
Résultat quand je rentrais chez moi après l'école, je me faisais un goûter-repas exceptionnel.
Alors, huit ans de sa vie à manger quatre midis par semaine des plats sans goût et répugnants, imagine-toi, même les frites n'étaient pas bonnes !
Pour te dire même les cantinières nous proposaient des verres de lait pour nous remplir un minimum l'estomac.

L'arrivée au collège fut un soulagement : le self !
Yes ! On allait enfin pouvoir choisir tout ce que l'on aime !
Déjà il y avait un cuisinier sur place, donc fini les plats

« C'est dès aujourd'hui qu'il faut être attentif à soi, à son corps, à sa façon de s'alimenter, ou encore à sa pratique sportive. »

préparés sous vide comme en primaire. Et un peu de choix, ce n'est pas mal, mais le souci c'est que lorsque l'on a fini son assiette, on ne peut pas se resservir, et entre les 6es qui mangent très peu, et les 3es, il y a une différence de besoins nutritionnels, pourtant, toutes les assiettes avaient la même dose. Bizarre !

Maintenant que je suis au lycée, c'est le rêve ! Enfin, je veux dire qu'on a bien plus de choix, les choses sont meilleures et nous pouvons nous resservir à volonté !
Imaginez mon bonheur, car oui, j'ai toujours faim !

Alors tu arrives à la même conclusion que moi ?
Plus on grandit et meilleure devient la cantine et tu trouves ça normal ?
Non bien sûr, notre goût se forme dès le plus jeune âge, alors forcément, si on nous propose des aliments sans saveur à 3 ans, ça ne donne pas envie d'y retourner, et en plus, on finit par détester certaines choses.
Bon, il est vrai que l'on ne passe pas notre temps à l'école et à manger à la cantine, mais quand même, c'est ce qui nous donne de l'énergie pour toute la journée !

Depuis quelques années maintenant, mes parents, comme beaucoup de familles, je suppose, essayent d'être plus attentifs à notre alimentation.
Ma mère, comme beaucoup de mamans en ce moment, j'ai l'impression, a trouvé son âme sœur de l'alimentation : le BIO.
Malgré les apparences, le bio n'est pas si bon que l'on croit. Une pomme bio, pour moi c'est une pomme qui a poussé tranquillement sur sa petite branche dans la

nature, et qu'un gentil agriculteur est venu ramasser, et la directement envoyée dans les magasins.
Mais non, finalement c'est juste qu'il n'y a plus les pesticides dangereux pour la santé, mais d'autres choses ont été rajoutées afin de les remplacer.
Vous me direz, c'est toujours mieux que de manger des pommes inondées de produits chimiques.
Ma mère s'est même inscrite à une amap, alors là tu dois te dire « mais c'est quoi une amap ? ».
En fait, c'est une sorte d'abonnement à un panier de fruits et légumes, du coup une fois par semaine, on a le droit à des fruits et légumes frais bio et locaux !
Ce n'est pas mal du tout, ça permet de manger des produits de saisons variés et pas des tomates toutes fades qui ont traversé la Méditerranée, sauf qu'il faut du pain bio, et ce n'est pas bon du tout ! Personne n'aime ça dans la famille, à part ma mère, du coup le congélateur est rempli de boules de pain pas bonnes… Et il y a plein de produits comme ça qu'on n'arrive pas à manger, car notre palais n'a pas l'habitude, je pense.

Bon manger c'est bien, mais il faut aussi se dépenser pour être en forme
Bah bien sûr… dépenser quoi exactement ?
Mon temps, mon forfait, mon argent, mon énergie, ah oui, tiens, c'est peut-être bien ça !
Faire du sport, une activité avec son corps plutôt qu'avec son esprit ! « Va prendre l'air, ça fait des heures que tu es sur ton portable ou devant la télé ! »
Cette année, mes parents m'ont gentiment annoncé que je ferai du sport en dehors du lycée.

Alors je fais du tennis, une heure par semaine, c'est sûr que ce n'est pas énorme, mais c'est déjà ça.
J'ai toujours fait du sport, car mon père est médecin sportif et il ne jure que par ça… Toute la famille est à fond dedans, sauf moi… ☺
Du coup, j'essaye d'aller à mon arrêt de bus à pied, de prendre l'escalier plutôt que l'ascenseur.
Tout ça cumulé me fait dépenser de l'énergie et je me sens mieux dans ma tête et dans mon corps.
Tu sais que faire du sport fait sécréter une hormone : l'endorphine (merci papa !), on l'appelle l'hormone du plaisir ou du bonheur, un antistress naturel qui permet de se sentir mieux, alors vas-y et sans modération !

J'ai d'ailleurs vu un reportage à la télé (oui je regarde la télé parfois) où les ados étaient parmi la tranche d'âge qui pratiquait le moins d'heures de sport sur une semaine soit environ deux heures… Ça fait vraiment réfléchir…
À l'inverse de la cantine qui s'améliore en grandissant, le nombre d'heures de sport à l'école diminue. Étrange encore, non ?
Pour info : trois heures par semaine en primaire, quatre heures en 6e, trois heures de la 5e à la 3e et deux heures au lycée.

Alors prêts pour manger mieux et bouger plus ? (Émoji qui montre toutes ses dents !)

« À l'inverse de la cantine qui s'améliore en grandissant, le nombre d'heures de sport à l'école diminue. Étrange encore, non ? »

La mort et la maladie

« La vie c'est comme une flamme, un jour elle finit par s'éteindre. »

16 La mort et la maladie

« La vie est tellement courte qu'il est impossible de ne rien regretter et de profiter de ses proches à chaque instant. »

Ce n'est pas un chapitre très joyeux que tu t'apprêtes à lire, mais je reçois beaucoup de messages de jeunes filles ou de jeunes garçons qui ont perdu un proche, ou qui ont un membre de leur famille très malade et qui souhaiteraient avoir mon avis, mes conseils, alors je me suis dit qu'il fallait que je parle de ça dans mon livre même si ce n'est pas dans mon habitude de parler de choses tristes… C'est sûr que je préfère te remonter

le moral en te faisant rire, sourire, mais la vie n'est pas toujours rose, et malgré les apparences, nous allons tous, un jour ou l'autre, devoir être confrontés à une nouvelle dramatique.
C'est toujours délicat d'exposer son avis, d'écrire sur ça, je ne sais pas si j'aurais les bons mots, car chacun vit cela différemment, selon le degré de gravité, l'affinité que nous avons avec la personne, et surtout la capacité à gérer ce genre de moments...

Ce qui est sûr, je ne vous l'apprends pas, c'est qu'on va tous mourir un jour ou l'autre, mais on ne sait pas quand ni comment. Peut-être vais-je mourir dans mon sommeil à 80 ans, dans un accident de voiture à 50 ans, ou dans une salle de concert à 20 ans. La vie, c'est comme une flamme, un jour elle finit par s'éteindre, elle peut s'éteindre par elle-même, ou bien quelqu'un peut l'éteindre de force.
Personnellement, si je devais choisir ma mort, je pense que j'aimerais mourir en faisant quelque chose d'important pour le monde, enfin pas en sauvant l'humanité comme Wonder Woman, loin de là, mais par exemple en protégeant quelqu'un de plus jeune que moi, qui a encore la vie devant lui, en me sacrifiant à sa place.
En fait, je veux que ma mort soit utile et que j'aie réalisé tout ce que je souhaitais faire durant mon vivant, avoir profité et n'avoir aucun regret.
Je pense que tout le monde veut ça, mais malheureusement on ne choisit pas. Des milliers de personnes sont mortes injustement, que ce soit lors

de guerres, d'attaques terroristes, d'accidents, d'actes diaboliques d'un psychopathe, ou le fait qu'elles se soient ôté la vie à cause de personnes bêtes.

Mais comme le dit le proverbe de Gandhi : « Vis comme si tu devais mourir demain. »
Comme je l'ai dit précédemment, fais un maximum de choses et ne te mets pas de barrières, comme ça le jour où la mort arrivera, tu n'auras rien à regretter, ne te mets pas à dos des gens importants pour toi, si ça ne va pas, mets ta fierté de côté et arrange tout ça, car quand l'un de vous ne sera plus là, tu auras beau dire tout ce que tu veux, tu n'auras que tes yeux pour pleurer.
D'ailleurs la mort c'est surtout pour les autres que c'est dur, car toi quand tu es mort, tu ne ressens rien, mais les autres eux vont rester tristes pendant des semaines, des mois, voire des années, à repenser à toi, aux moments que vous avez vécus ensemble, aux fous rires, aux photos, parfois même aux moments où vous étiez en froid et où vous n'avez pas croqué la vie à pleines dents. Même avec les progrès de la médecine, la vie est tellement courte qu'il est impossible de ne rien regretter et de profiter de ses proches à chaque instant.

Je n'ai jamais été confrontée à la mort de quelqu'un de proche, mis à part mon chat, Albert, qu'on a, avec mes parents, mes frères et ma sœur, enterré dans le jardin . On avait fait comme un vrai enterrement, une mini-tombe en bois, enterrée dans la terre. On a même planté des bulbes au-dessus, qui sont maintenant en fleur, on se dit que c'est un peu comme le reflet de son

âme. On se dit que même si son cœur n'est plus là, son esprit veille sur nous depuis l'au-delà. J'ai aussi eu mon premier doudou : « Doudou Vieux » qui est mort dans d'atroces souffrances, il a perdu une jambe et un bras, mais j'ai réussi à le conserver en lui mettant des pansements, il est d'ailleurs encore dans mon armoire, et quand je suis triste parfois, je le prends avec moi dans mon lit, je le serre fort et j'ai l'impression de redevenir enfant, le temps d'une nuit.
Mais malheureusement, à l'heure où j'écris cela, mon arrière-grand-mère de 96 ans n'est pas en très grande forme, à l'hôpital depuis plusieurs semaines et avec une tête plus très claire, nous sentons tous la mort la caresser de ses doigts squelettiques.
C'est bizarre, mais moi la mort je la vois comme une personne, je l'imagine très grande, la peau violette-prune sur les os, d'énormes ongles, et une pioche, parfois elle porte une cape. Je la représente comme ça, car évidemment j'ai peur d'elle, mais ce n'est pas le cas de tout le monde, certains la voit comme un passage pour une seconde vie, d'autres comme l'accomplissement de ce qu'ils ont réussi ou échoué dans la vie humaine, moi je ne crois pas à la réincarnation, mais je pense tout de même qu'une fois que nous sommes morts, il se passe quelque chose…

Si tu as perdu un proche, je pense que ce qu'il faut que tu te dises, c'est que, même si c'est tellement triste et que tu as l'impression d'être au plus mal, cette personne veille sur toi, qui sait, peut-être qu'elle te regarde de là-haut, en train de lire ce chapitre et de penser à elle.

« Ces personnes-là auront toujours mon respect, celles qui, malgré leur triste sort, continuent à sourire, c'est tout un autre monde. »

Chaque mort a une raison, même si, comme je le disais, certaines ont l'apparence d'être inutiles et injustes, inconsciemment elles servent toutes à quelque chose, si cette personne est morte, c'est que la vie est faite comme ça, c'est le destin, c'est ce que je me dis, chaque action, triste ou heureuse, est inscrite dans la vie et quoi qu'il arrive, c'était écrit. Un peu comme les tags sur YouTube, tout le monde répond aux mêmes questions, mais chacun l'interprète différemment, y répond à sa manière, mais dans tous les cas, le tag a une fin et au bout d'un moment la vidéo s'arrêtera.

La mort n'est pas la pire chose, la maladie peut parfois être bien pire, il faut différencier les petites maladies qu'on a tous l'hiver (les rhumes, la grippe, les angines...) des vraies grosses maladies qui peuvent être dramatiques et parfois mortelles (sida, cancer, diabète...). Si je connais un peu la maladie, c'est au travers du travail de mon père, il grogne toujours parce qu'il voit des gens qui ont des maladies infimes et qui se plaignent tout le temps, alors que des gens passent leurs journées à l'hôpital, prenant des tonnes de traitements et se plaignent rarement. Ces personnes-là auront toujours mon respect, celles qui, malgré leur triste sort, continuent à sourire, c'est tout un autre monde.

Bon, j'espère que vous êtes toujours là et que ce chapitre ne vous aura pas plombé le moral, mais petite conclusion : quoi qu'il se passe, tout a une fin, alors fais en sorte que ta vie soit un rêve.

La beauté physique

« Dès notre plus tendre enfance, nous idolâtrons des poupées qui nous montrent ce qu'est censée être la plastique parfaite. »

17 La beauté physique

« Imagine une seconde que toutes ces publicités montrent des filles plus enrobées, tu penses que la définition du corps parfait que l'on se fait serait la même ? »

Le physique a une très grande importance dans la société actuelle, ce qui, je trouve, n'est pas une très bonne chose. En ce moment, je me pose beaucoup de questions, je réfléchis sur ce qu'est réellement la beauté, le physique parfait, et les critères que nous nous imposons afin d'y ressembler.

« Physique », c'est un mot très large, qui peut qualifier beaucoup de choses : le poids, la taille, le visage, la manière de s'habiller et j'en passe…

Aujourd'hui, nous faisons face à une multitude d'images qui décrètent le physique parfait : une peau sans défaut, une taille de guêpe, des cheveux doux et soyeux, un ventre plat, de longues et fines jambes, des dents blanches…
Souviens-toi de cette affiche, collée à ton arrêt de bus, montrant une fille au top qui pose pour une marque de bijoux, ou alors cette fameuse pub qui passe tous les soirs à la télé qui nous montre des filles à la plastique parfaite courant sur la plage en bikini, ou encore ces photos de promo pour les marques qui pullulent sur les réseaux sociaux et que tu vois à longueur de journée sans ne plus y prêter aucune attention.

À cause de ce genre de choses, énormément de filles et de garçons se sentent mal dans leur peau.
Quelques petites rondeurs, un bouton ou deux, des seins et des fesses peu formés, et c'est la catastrophe !
Je reçois de nombreux messages de vous, mes abonnés, qui me racontent vos aventures, vos problèmes, et qui demandent mon aide et mes conseils.
Avec le temps, je remarque qu'un certain type de messages revient souvent : ceux qui concernent le physique.

« Coucou Zoé, je t'envoie ce message, car en ce moment, je ne m'aime plus trop… Je me trouve grosse et pas belle. Ma mère me dit que je suis dans la norme, que je n'ai pas à m'en faire et que je suis très bien comme ça, mais ce n'est pas ma vision des choses, je veux maigrir et être fine comme les autres filles, je veux être normale.
Aurais-tu des conseils à me donner ? Bisous. »

Love yourself and the rest will follow

« Je veux être normale », « NORMALE », tu trouves ça NORMAL toi qu'une jeune fille, ne souffrant apparemment d'aucun problème de poids, en vienne jusqu'à se trouver anormale ? Il n'y a pas de modèle à suivre ou de cases à cocher pour réussir dans la vie, mais c'est dur parfois de s'accepter telle que l'on est à force d'être entourée de mannequins et de célébrités qui se proclament « parfaites ».

Imagine une seconde que toutes ces publicités montrent des filles plus enrobées, tu penses que la définition du corps parfait que l'on se fait serait la même ? Ma réponse est NON, et je ne trouve pas ça bien que ce soit une marque, un objet purement et simplement marketing qui nous montre et nous dise inconsciemment à quoi ressembler pour être belle.

Chacun se représente la beauté différemment et ce n'est pas parce que l'on n'est pas comme Kendall Jenner, Barbara Palvin ou Cara Delevingne que nous sommes moches ! Parfois même, les mannequins ne mangent qu'une pomme par jour – ce n'est pas un mythe – pour contenter les désirs de marques qui veulent toujours et encore des filles fines sans aucune imperfection. Et si par malheur, une imperfection pointe son nez, le dieu Photoshop est utilisé afin de l'effacer !

La question peut aussi se poser pour Miss France, les conditions pour y entrer sont, en gros, d'être grande et mince ! Encore une émission qui juge la femme sur son physique.

Même si les miss sont toutes magnifiques, je trouve cette émission complètement absurde ! Je n'ai rien contre les

ies
BEFORE
GUYS
FIGHT
like a girl
My body
MY CHOICE
GRL
PWR
INIST
RIOTS
not diets

jeunes femmes qui participent à ce type de concours, mais plus contre le système. À quel moment, une femme peut-elle être considérée comme la plus belle de France ? N'y a-t-il pas plusieurs types de beauté ?
Enfin, c'est un sujet comme un autre, qui plaît ou qui ne plaît pas, mais cela nous montre encore une fois que pour être belle, il faut être une Barbie !
D'ailleurs, dès notre plus jeune âge, les codes de beauté nous sont insinués.
T'as déjà vu une Barbie avec des formes ? Ou une Barbie ayant l'air de faire 1 m 60 ? Non, c'est toujours et sans exception un corps fin et grand, et dès notre plus tendre enfance, nous idolâtrons des poupées qui nous montrent ce qu'est censée être la plastique parfaite.

Je me demande également si on peut considérer que YouTube fait aussi partie de ce « complot de la beauté ».
Car en y réfléchissant bien, les youtubeuses nous apprennent comment ressembler à telle ou telle star, nous montrent des tenues à la mode et parfois même des techniques pour grossir ses seins et cacher son ventre.
Mais, en contraste, YouTube est aussi plein de diversité !
Que ce soit au niveau de la nationalité, de la morphologie, des cheveux, des vêtements, de la taille, il y a des dizaines et des dizaines de youtubeuses sur Terre, et les abonnés ne les suivent pas en fonction de leur poids, de leur taille ou de leur peau.
YouTube nous apprend aussi comment se mettre en valeur selon sa morphologie et non pas, comment avoir une certaine morphologie.
Donc d'un côté c'est bien, mais, je suis mitigée…

C'est bon, j'ai fini mon petit chapitre, mon petit « coup de gueule » comme dirait la youtubeuse qui sommeille en moi.
J'espère qu'il vous aura fait réfléchir sur certains points…
Pour conclure, j'ai envie de dire, que dans ce monde horrible qu'est la beauté, parmi les critères qu'on nous montre, et les modèles de rêve qu'on nous suggère sachez que personne n'est parfait et que vous ne devez pas vous comparer à ce que j'estime être : l'incomparable.
Les photos dans les magazines sont retouchées (hormis *Pretties*® évidemment !), les pubs aussi, mais vous, vous ne l'êtes pas, alors n'essayez pas de leur ressembler, vivez avec votre corps et forgez-vous votre propre idée de ce qu'est la beauté.

Le sport

« Le sens du rythme et moi ça fait douze. »

18 Le sport

« Le sport qui me correspond parfaitement, ce sont les compétitions de flemme ! »

Comme vous l'avez peut-être compris, je ne suis pas une grande sportive, pourtant depuis que je suis toute petite le sport a toujours été présent autour de moi. Pendant une période, mes parents étaient fondus de sport, quand j'étais bébé mon père courait tous les jours, mais genre vraiment, 365 jours par an ! Ma mère courait aussi, mais un peu moins.
Ils ne faisaient pas ça pour maigrir, non, ils aimaient ça, c'était leur moyen de se défouler au quotidien.

Durant mes seize années de vie, je suis passée par pas mal de sports. J'ai commencé par la danse, j'ai dû en faire deux ou trois ans, mais comment vous dire… le sens du rythme et moi, ça fait douze.

Du coup, j'ai essayé le multisport pendant un an pour tester un maximum d'activités et trouver celle qui me correspondait, et pour tout vous avouer : sans grande réussite.
J'ai aussi fait du triathlon (vélo/course à pied/nage), mais même si je faisais cette activité avec mes amies, je ne l'ai pas pratiquée plus de deux ans.
Je suis aussi passée par l'équitation, d'ailleurs, j'ai mon galop 2 ! J'aimais bien ce sport, mais j'avais un peu peur des chevaux et je n'osais pas tout faire, donc j'ai arrêté pour faire de l'athlétisme avec ma meilleure amie. Je pensais que j'allais aimer ce sport, car lors des cross du collège et de la primaire, j'étais assez forte, je suis même arrivée première et deuxième à des cross départementaux quand j'avais 11 et 12 ans. Mais nous sommes tombées sur un prof d'athlétisme que nous n'aimions pas du tout, et du coup, on a fini par arrêter.
Durant toutes ces années, un sport s'est installé petit à petit dans mon emploi du temps, et celui-ci, je ne l'ai pas arrêté ! Le tennis. J'en pratique toujours, cela doit faire six ans maintenant. Parmi tous les sports que j'ai essayés, c'est celui que je préfère. Même si, au début, je ne suis pas très motivée pour y aller, une fois que j'y suis et qu'on commence à jouer, ça me plaît !
Par contre, quand je n'arrive pas à jouer, à faire un mouvement ou que je ne réussis pas un exercice, je m'énerve et je me déconcentre, ce qui fait que je rate encore les fois d'après, ce qui m'énerve encore plus, donc je rate de nouveau, et ainsi de suite !

Vous devez vous dire, pourquoi est-ce que je devais absolument faire du sport ?

Eh bien, mes parents voulaient que j'en fasse, car c'est indispensable pour être en bonne santé, mais ils ne m'ont jamais forcé à faire des sports dont je n'avais pas envie ou à faire des compétitions, d'ailleurs je n'aime pas trop ça, la compétition.
Je ne vois pas l'intérêt de se bagarrer entre nous pour savoir qui est le plus fort, même si quand on gagne c'est assez cool, ce n'est pas mon truc. En fait il y a que les courses que j'aime bien faire, dans ma ville chaque année au mois d'octobre il y a une course contre le cancer du sein, je l'ai faite du coup, mais pas dans l'intention d'arriver première, juste pour le plaisir et puis parce qu'une fois que je l'ai finie je me sens fière de ne pas avoir abandonné !
Cette année lorsque je l'ai faite avec ma famille, je me suis perdue, et j'ai fait les trois quarts de la course seule sans mes parents… Niveau orientation, je ne suis vraiment pas douée non plus ☺.

Je ne suis pas sans savoir que certains parents obligent leurs enfants à faire du sport et parfois les enfants n'osent pas leur dire ce qu'ils pensent par peur de les décevoir.
Parfois les parents poussent leurs enfants à tout faire, car ils ont l'impression de réussir à travers la réussite sportive de ces derniers, c'est même eux les plus énervés au bord du terrain ou dans les tribunes de stades quand leur enfant fait une faute ou rate un but.
On fait aussi du sport avec le lycée et le collège, et ça, je n'aime pas trop. C'est cool, car on est avec nos amis, mais le fait qu'on nous juge sur nos capacités physiques, qui ne sont pas du tout les mêmes selon l'individu, je trouve ça assez injuste.
Et puis, on ne va pas se le cacher, quand tu transpires et

qu'après tu as cours de français ou de maths, que la classe sent la transpiration, que tes cheveux ou ton maquillage ne ressemblent plus à rien, ce n'est pas top !

Dans ma famille, tout le monde pratique une activité sportive, mes frères, ma sœur, mes cousins, mes cousines, mes parents, je crois que je suis la seule à ne pas être à fond dedans, je suis de fait un peu l'intrus de la famille… En plus, mon père travaille dans le sport et n'arrête pas de dire que le sport c'est la santé assurée (ce qui n'est pas faux !)
L'an dernier, avec deux amies, on avait décidé d'aller à la piscine le mercredi midi. Pour faire un peu d'exercice physique sans compétition et sans prof. J'avais réussi à convaincre mes parents de ne pas m'inscrire dans un club de sport pendant un an, mais mon père disait que ça ne durerait pas plus d'un mois…
Eh bien, notre petite virée piscine tous les mercredis a duré six semaines…
Quand il a commencé à faire un peu froid, on n'avait plus le courage d'y aller. Je sais, c'est nul, mais je pense que le sport qui me correspond parfaitement, ce sont les compétitions de flemme !
Pourtant c'est dommage, car aujourd'hui de plus en plus d'adolescents abandonnent le sport et préfèrent se coller aux appareils électroniques, or c'est justement quand on est jeune que nous avons le corps qu'il faut pour faire du sport, et quand on vieillit, on a l'envie, mais plus le corps…
Enfin bon, ce qui est sûr c'est que le sport est obligatoire pour être en parfaite santé, donc essayez d'en faire au moins une fois par semaine (sans compter les cours qu'on a avec le lycée hein !).

La famille

« Ta famille est là pour toi, c'est la seule qui ne te laissera pas tomber, elle sera toujours là pour toi, quoi que tu fasses. »

19 La famille

« Seules les personnes qui ont une petite sœur ou un petit frère peuvent comprendre ça. »

Avec deux frères et une sœur, au niveau des relations fraternelles, j'ai donné et je donne encore.
Déjà, laissez-moi vous présenter mes frères et ma sœur.
Manon née le 12 août 2004 est mon unique sœur. Physiquement, on ne se ressemble pas trop, elle a plus pris du côté de mon père, et moi du côté de ma mère, et puis mentalement non plus : contrairement à moi, elle est hyper extravertie, je crois que la timidité, elle ne connaît pas. Elle est aussi très sportive, pas comme moi encore une fois. Cette année, elle cumule pas moins de trois sports si j'ai bien suivi : la danse, qui est vraiment une de ses plus grandes passions, elle danse tout le temps, même à table, elle fait aussi du basket et enchaîne les matchs chaque

week-end, et elle fait de la gym avec son collège. Malgré nos nombreuses disputes depuis notre plus jeune âge, il arrive parfois qu'on arrive à bien s'entendre. Quand on était petites, elle devait avoir environ 2 ans et moi 5, elle m'avait mordue tellement fort sur le front, que j'ai gardé la trace plus d'une semaine. On n'est pas rancunières, quand on s'embrouille, cela dure au maximum deux jours, puis on a déjà oublié qu'on était censées se faire la tête ! Avec ma sœur, on a eu une période, vers mes 13 ans, où on ne pouvait vraiment pas se supporter, au moins une fois par jour une bagarre, corporelle ou avec des mots, éclatait.
Aujourd'hui, ça va un peu mieux, même s'il nous arrive toujours de nous fâcher. Ce matin d'ailleurs, nous nous sommes querellées, mais plus on grandit, et plus nos paroles peuvent être blessantes, et ça, parfois, je ne m'en rends pas forcément compte... En plus, avec YouTube et tout ce qui m'entoure, mes parents consacrent forcément un peu de plus de temps à ça, car toute seule, je ne pourrais jamais tout gérer, donc ma sœur se sent délaissée. Ce qui est normal, mais jusqu'à ce que ma mère me le dise, je n'avais pas fait attention à ça... Je suis sans cesse en train de la renvoyer bouler, de mal lui parler. Même si parfois elle m'énerve beaucoup, il faut que je fasse des efforts pour être beaucoup moins impulsive avec elle, être plus compréhensive, mais bon, j'ai un caractère d'ours, donc je dois prendre sur moi. Seules les personnes qui ont une petite sœur ou un petit frère peuvent comprendre ça.

Passons ensuite à mon premier frère : Jean, il est né le 23 août 2008, et c'est un peu comme un mini-moi, en garçon évidemment. On se ressemble vraiment, enfin pas physiquement, mais on a le même caractère : il est hyper

timide, casanier et lui aussi peut passer des heures devant un jeu vidéo ou un ordinateur. Je n'ai pas le souvenir de m'être beaucoup fâchée avec Jean, en général on ne se parle pas trop, on reste chacun dans notre coin, mais depuis quelque temps, il grandit et commence à se rebeller, à ne plus trop écouter ce qu'on lui dit, du coup, bien évidemment, moi ça m'énerve et il arrive qu'entre nous le ton monte. Mais on ne s'est jamais battu, c'est vrai que j'ai quand même un peu plus d'affinité avec lui. Jean s'est récemment découvert une passion pour le diabolo, il est hyper fort, je lui répète qu'il devrait s'inscrire à l'émission Incroyable Talent, pour rire évidemment, mais je suis sûre que s'il continue à progresser il pourra le faire, qui sait ?

Mon deuxième frère, c'est Gabriel, le tout dernier. Il est né le 29 juillet 2013, et c'est une vraie boule d'énergie, entre ses bêtises, par exemple renverser le sac de croquettes pour chat par terre et en manger quelques-unes, ses moments de folies comme lorsqu'il se met à sauter partout en dansant et en faisant des grimaces, et ses colères comme quand il se met à hurler et à pleurer, car il ne veut pas manger, il ne laisse de repos à personne. Cet après-midi, j'avais installé mon appareil photo dans le salon pour tourner une vidéo, et je l'ai vu s'installer devant et commencer à dire : « Coucou tout le monde, donc j'aime beaucoup Mickey, il est rigolo, et Minnie aussi… » Inutile de vous dire que ça m'a bien fait rire ! Il est rentré à l'école cette année, ça m'a fait un choc, je le voyais encore comme mon petit frère, que je portais à la maternité, mais le problème, c'est que le temps passe très vite, et on ne le voit pas passer, je ne vois pas mes frères et sœur grandir, on est tellement enfermé dans un engrenage : « se lever, travailler, manger, dodo » qu'on ne prête presque pas d'attention à sa famille, et encore plus lorsqu'on est en période d'adolescence.

J'ai eu une période, dans laquelle je suis encore un peu à vrai dire, où je me fâchais presque tout le temps avec mon père. On a tous les deux un fort caractère et du coup dès que l'on se parle, ça finit souvent mal. Ma mère, heureusement, est là pour atténuer les tensions.

Ta famille est là pour toi, c'est la seule qui ne te laissera pas tomber, elle sera toujours là pour toi, quoi que tu fasses.
Parfois, les parents ça peut-être chiant, quand ils t'interdisent de sortir, ou bien qu'ils te prennent ton téléphone, car tu n'as pas assez travaillé, ou encore qu'ils souhaitent que tu viennes avec eux faire une balade dans la forêt le dimanche après-midi, ou voir tes grands-parents. Je parle en connaissance de cause, mais au fond, ils font ça pour notre bien, car même si on a l'impression que leur seule motivation est de nous pourrir la vie, de nous gâcher notre adolescence, en vérité, c'est tout l'inverse.
Ils ont beaucoup plus d'expérience et de vécu que nous, ils sont passés par là où tu passes actuellement, eux aussi ont eu ton âge, eux aussi on fait les mêmes erreurs que toi, et justement, ils ne veulent pas que tu refasses les mêmes, ils prennent soin de nous, la seule chose qu'ils veulent c'est notre bonheur. Alors oui, parfois, ça peut paraître dur à imaginer, mais c'est la vérité. Ce ne sont pas nos amis, ils ne nous jugeront pas pour rien, alors c'est vrai qu'ils auront du mal à prendre certaines décisions, mais ils le feront, car ils veulent te voir heureux(se). Profite aussi d'eux, ne leur parle pas que lorsque tu as un but, ne les mets pas de côté, car sans eux, tu ne serais même pas en vie !

« Ta famille est ce que tu as de plus cher, réfléchis à ton comportement envers eux, et retiens un seul truc : ils t'aimeront quoi que tu fasses. »

La politique

« Donald, tu fais comme
tu veux, mais crois-moi,
là, ça ne va pas du tout. »

20 La politique

« J'ai envie de parler au nom de tous les adolescents de France qui n'y comprennent rien. »

Je m'attaque aujourd'hui à un sujet assez sensible, la politique. Alors je ne vais pas vous le cacher, moi je n'y comprends absolument rien ! Entre la gauche, la droite, l'extrême gauche, l'extrême droite, le centre, les socialistes, les communistes, les écologistes et j'en passe, je suis perdue ! À l'heure où j'écris ce chapitre, on est en pleine pré-élection, bye François ! Donc du coup, on en mange à toutes les sauces des discours, meetings, interviews et reportages sur les élections.
Mais c'est bien beau de faire ces discours et de vouloir convaincre les adultes de voter pour tel ou tel candidat, choisir tel ou tel parti, mais je pense que je ne suis pas la seule à être perdue. Lorsque je regarde un discours

politique à la télé, j'ai l'impression que l'on me parle chinois. Le truc, c'est qu'il faudrait que vous soyez un peu plus clairs messieurs et mesdames les politiques, utilisez des mots un peu plus simples où alors arrêtez de faire six mille partis qu'on ne différencie même pas. Car quand on est jeunes, comprendre la politique, c'est comme essayer de mettre un panier quand tu fais 1 m 60… Tu peux y arriver, mais il faut être déterminé et aimer ça, et on ne va pas se le cacher, la politique, ce n'est pas super super passionnant alors forcément quand on essaye de comprendre, on lâche prise dès la première phrase.
Et dire que dans deux ans je vote… oui oui, deux ans déjà, le temps passe tellement vite ! Je ne sais même pas de quel parti est notre président actuel… Je sais, je suis un cas.

Évidemment, je connais les bases : présidents, députés, ministres, promesses jamais respectées et les affaires d'argent ou de « clash » entre les différents candidats. Sérieusement, il y a toujours des choses pas nettes là-bas, on pourrait limite en faire une télé-réalité. C'est peut-être le côté que je préfère, ça met de l'action dans tout ce monde hyper sérieux et coincé. Tu imagines un truc du genre « les députés *vs* les ministres à Miami », ça serait ouf ! Mais j'espère que ça ne se fera pas, parce que sinon, ça craint vachement.

J'ai envie de parler au nom de tous les adolescents de France qui n'y comprennent rien (dites-moi que je ne suis pas la seule s'il vous plaît).
Si jamais un homme ou même une femme politique lit mon livre (ce dont je doute fort, mais on ne sait jamais), serait-il

possible d'engager un interprète qui puisse traduire vos discours, vous savez comme les petites personnes en bas de l'écran (oui un interprète !) qui traduisent en langage des signes, il faudrait inventer la même chose, mais en langage simplifié, que tout le monde comprend, et pas seulement le parti élitiste de la France.
Je vais vous raconter quelque chose qui m'est arrivé il n'y a pas très longtemps et qui m'a valu une bonne honte : je suis en cours d'espagnol et la professeure nous parle de la guerre d'Espagne, des différents partis politiques qu'il y a eus, bien évidemment je ne comprenais rien, moins ça me passionne, moins j'écoute…
Bref, je ne sais plus exactement comment nous en sommes arrivés là, mais je demande à ma voisine : « Mais François et Nicolas, ils sont amis, alors pourquoi ils se disputent ? » Elle explose de rire, je ne comprends pas, je suis pourtant sérieuse, mais le pire dans tout ça, c'est que la prof entend ce que j'ai chuchoté à l'oreille de mon amie, et elle répète à voix haute, devant toute la classe… « Mais Zoé, non, je ne peux plus rien pour toi, ma pauvre patate. » Oui, ma prof nous appelait par des surnoms bizarres, ne vous inquiétez pas…

Bon, j'avoue que là je doute que des personnes soient plus perdues que moi, mais je vous raconte ça pour vous donner une idée de ma connaissance politique qui est approximativement égale à zéro.

Mais ce n'est pas nouveau, la politique, c'est compliqué, c'est pour les grands, nous dit-on, tu comprendras plus tard, mais le plus tard, il se trouve qu'il arrive à grands pas… Récemment, on a eu le droit à l'élection d'un certain Donald… En commençant ce chapitre je me suis dit « Zoé,

n'expose pas ton opinion politique, déjà parce que tu n'y comprends rien donc tu dirais sûrement des bêtises, et de deux, parce que chacun pense ce qu'il veut et que je ne veux influencer personne. » MAIS SÉRIEUX, les États-Unis, ils ont bugué là. Désolée, président Donald, mais tu ne gères pas du tout, franchement, qu'est-ce qui est passé par la tête des Américains pour élire ce personnage, je ne sais pas, il a dû y avoir un souci parce que là…
Autant, il y a des choses que je peux tolérer, certaines idées de Marine (pas toutes) ou le fait que les gens aient l'impression que François n'a absolument rien fait pour la France en tant que président, mais là ! Je n'en dis pas plus, mais comme beaucoup de monde, je trouve ça complément fou. Et puis, j'aimerais ajouter, qu'il prend une teinte de fond de teint un peu trop foncée pour lui, voilà Donald, tu fais comme tu veux, mais crois-moi, là, ça ne va pas du tout.

Je finirai par dire que maintenant la politique est devenue quelque chose de pathétique, enfin je ne trouve pas le mot, mais avant c'était hyper sérieux, maintenant ce sera à qui fera le plus de RT sur Twitter, qui fera le plus gros coup de buzz, qui ramènera le plus de monde à son meeting, qui fera parler le plus de lui, peu importe sur quel sujet, tout n'est que mensonges, jeu d'acteur, manigance et j'en passe. Bien évidemment peut-être que je me trompe, je l'espère, mais en tant que jeune fille de 16 ans qui suit la politique de loin, c'est l'impression que j'en ai.

Ce chapitre n'est absolument pas méchant, je voulais juste exposer mon point de vue, peut-être que je me trompe, mais c'est le regard qu'une adolescente a sur la politique d'aujourd'hui.

Lire

« J'aime trop l'odeur d'un
livre neuf, quand il n'a
encore jamais été ouvert. »

21 Lire

Je n'aime pas lire.
Étonnant pour une fille qui est en train d'écrire son propre livre tu me diras. En fait, le truc, ce n'est pas que je n'aime pas lire, c'est juste que je ne me donne pas les moyens pour le faire. Avant, il y a deux ou trois ans, je lisais énormément, j'ai des piles de livres dans ma chambre, il m'arrivait même de me coucher assez tard sous prétexte que je voulais lire un chapitre de plus à chaque fois. J'étais tellement prise dans l'histoire du livre, l'action, attachée au personnage, que je ne pouvais pas m'arrêter, le temps passait terriblement vite quand je lisais, et j'adorais ça !
Bien évidemment, c'était moi qui choisissais les livres que je lisais, ne t'imagine pas non plus que les livres qu'on devait lire pour les cours me passionnaient et que je les lisais d'une traite. Je me souviens qu'un soir, j'avais terminé mon livre, c'était tellement émouvant que j'ai versé une larme. Je ne suis pas très émotive, je ne pleure pas souvent, mis à part devant les films, mais même dans la vraie vie quand une situation triste se présente, je ne pleure pas, j'ai un rire nerveux, parfois c'est hyper gênant, car pendant que les autres pleurent, je suis en train de rire comme une imbécile. Enfin bon, je n'écris pas ça pour vous parler de mes émotions, mais pour vous parler de lecture.
Comme je l'ai dit, les livres, j'adorais ça, j'en dévorais tout le temps. Mais en grandissant, j'ai perdu cette habitude.
Évidemment les nouvelles technologies sont arrivées, et ont commencé peu à peu à réduire mon temps de lecture,

« Je n'aime pas lire. »

puis c'est allé jusqu'à le supprimer complètement. Je lis très rarement des livres. Le dernier que j'ai lu sérieusement ça doit remonter à plus de six mois, je ne me souviens même plus ce que c'était… Par contre, je fais des efforts pour lire, j'ai acheté un livre il y a une semaine, il est posé sur ma table de chevet, il attend juste que je l'ouvre…
Avec le lycée, nous devons lire des livres, pour le français notamment. Depuis le début de l'année, je suis censée avoir lu onze livres je crois, eh bien, je n'en ai lu que deux. Bon, j'avoue, parmi eux, il y a des pièces de théâtre datant du siècle précédent, et ça, ce n'est absolument pas mon truc. J'espère que ma prof de français ne lira pas mon livre, je suis désolée, Madame, mais les livres que vous nous donnez à lire sont inintéressants. OK OK, c'est le programme, mais sachez que, même si je n'ai rien lu, je me suis toujours arrangée pour en savoir un maximum sur le livre pour avoir une bonne note au contrôle portant dessus. Petite anecdote, il y a peut-être un mois, je devais lire un livre, mais un gros livre genre un gros pavé de 500 pages, j'ai eu la brillante idée de demander si, par le plus grand des hasards, une ou un abonné(e) n'avait pas lu le livre en question. Figurez-vous que si ! J'ai donc eu droit à un résumé détaillé du livre ☺. Je remercie d'ailleurs cette abonnée si elle passe par là.

« Son petit rituel du soir, c'est de se poser avec une tisane dans son lit, et de lire son livre. »

Tout ça pour vous dire que maintenant, avec toute cette technologie, la véritable lecture se perd. Les écrans remplacent peu à peu les livres et la plupart des ados sont dans mon cas. Cela commence dès le plus jeune âge. Quand je regarde mon petit frère de 3 ans qui a déjà les yeux rivés sur « YouTube Kids » presque une heure par jour… dans mes souvenirs, à son âge, normalement on joue, on lit des livres et autre… Il y a aussi une invention qui est sortie il y a peu. La tablette-livre, je ne sais pas le nom exact, mais cela consiste à lire un livre… sur une tablette. Sur le principe, c'est bien, cela permet de lire un maximum de livres à faible coût, et en plus sans prendre plein de place. Mais est-ce si bien que ça ? N'est-il pas mieux de lire un livre, en sentant l'odeur des pages, ah oui d'ailleurs, petit aparté, j'aime trop l'odeur d'un livre neuf, quand il n'a encore jamais été ouvert, je fais une sorte d'éventail avec les feuilles et je sens l'odeur. Voilà, chacun son délire… Bref, je disais donc que lire un livre sans la barrière virtuelle, c'est tout de même mieux.

Je ne sais pas toi, mais moi celle qui lit le plus dans ma famille, c'est ma mère. Son petit rituel du soir, c'est de se poser avec une tisane dans son lit, et de lire son livre. Avant je faisais ça aussi, et quand c'était les vacances et que je ne sais pour quelle raison je me retrouvais à dormir avec elle, on était toutes les deux en train de lire notre livre avec une tasse de tisane.
Avec mes frères aussi elle a ce petit rituel : une histoire avant de se coucher ! Ils adorent ça. D'ailleurs, leur chambre déborde de livres, car elle en achète souvent et qu'en plus elle garde nos livres d'enfance.

TOYBO

Mon père, lui, c'est un peu comme moi à part *L'Équipe* ou *le Courrier de l'Ouest,* il lit peu. Il est pas mal branché nouvelles technologies et il lit plutôt sur tablette.

Enfin bon, lire c'est bon pour la santé, contrairement aux écrans, ça n'abîme pas tes yeux, et ça améliore ton vocabulaire !
Au fait, on me dit souvent que je n'ai absolument pas de vocabulaire, que j'écris avec des mots basiques. On me dit souvent, Zoé lit un livre, mais c'est comme pour à peu près tout dans ma vie : J'AI LA FLEMME.
Pour que je décide de m'y mettre, il faut que je sois déterminée, même si une fois que je suis dedans, j'aime bien lire, c'est le fait de me dire « Bon, allez, j'arrête Twitter et je lis un livre » et je n'arrive pas à le faire. C'est comme le sport, avant d'y aller je n'ai pas envie et j'ai la flemme, mais une fois que je suis en train d'en faire, j'adore !

Pour conclure, je dirais que si tu aimes lire, continue, car c'est ce qu'il faut faire ! Ne te laisse pas envahir pas tous ces écrans parasites (même si j'avoue que Netflix, c'est cool aussi).
Et si tu ne lis pas, sache que commencer par lire mon livre, c'est un bon début, je suis fière de toi donc continue ainsi !

« Lire c'est bon pour la santé, contrairement aux écrans, ça n'abîme pas tes yeux, et ça améliore ton vocabulaire ! »

Le terrorisme

« Trouves-tu ça normal qu'en 2017, les gens aient peur de sortir de chez eux ? »

22

Le terrorisme

« Ils mettent ces monstruosités sur les épaules de leurs religions et de leurs idées ou je ne sais quoi, mais aucune religion ne tolère ce genre d'actes. »

Ce chapitre, je l'avoue, ne sera pas l'un de plus joyeux à lire. Mais je trouvais important de le faire. Même si ces actes ne méritent pas de leur consacrer un chapitre, cela fait malheureusement de plus en plus partie de notre quotidien.

Si tu te reportes à la définition donnée par un dictionnaire, le terrorisme est l'usage de la violence envers des innocents à des fins politiques, religieuses ou idéologiques. Moi je qualifierais plutôt ça comme quelque chose de complètement débile, immoral, injuste, et encore pire, fait par des « humains ». Enfin, peut-on considérer les terroristes comme des humains ?

Si tu es une personne normalement constituée, tu ne vas naturellement pas te faire exploser la tête et celles de centaines d'innocents, tu ne te crashes pas dans un building plein de monde avec un avion que tu as dévié, tu ne fonces pas dans une foule avec un camion, tu ne descends pas des dizaines d'auteurs dans une maison d'édition, et encore, j'en passe.

Ils mettent ces monstruosités sur les épaules de leurs religions et de leurs idées ou je ne sais quoi, mais aucune religion ne tolère ce type d'actes.

Étant Française, c'est vrai que je me concentre essentiellement sur les attentats commis en France, mais il y en a partout, dans tous les pays du monde, ces brutes frappent, tuent et massacrent des innocents, quelle que soit leur nationalité.

Trouves-tu ça normal qu'en 2017, les gens aient peur de sortir de chez eux ? Nous ne sommes plus en sécurité nulle part, tu peux sortir de chez toi et te prendre une bombe

en pleine face, ou tu peux faire un voyage et ne jamais en revenir. Cette notion de la peur est presque devenue une habitude, c'est intégré dans notre quotidien, c'est devenu comme une routine, c'est triste à dire, mais nous nous y sommes habitués. Personnellement, je ne suis pas de ceux qui préfèrent rester chez eux et qui se privent de faire certaines choses, car ils sont potentiellement des cibles d'attentats.
J'écris ce chapitre le 26 mars 2017, cela fait trois jours que les attentats londoniens ont eu lieu, je devais partir à Londres ce week-end, le voyage en lui-même n'a pas été annulé, mais mes parents ont refusé que j'y aille, car ils jugeaient cela trop dangereux.
Je ne comprends pas trop leur décision, mais je la respecte, car ils ont leurs raisons de penser cela. Pour moi, une ville est dix fois plus sécurisée quelques jours après un attentat plutôt que quatre mois après, donc il y avait logiquement moins de risques. Mais en tant que parents, ils veulent nous protéger c'est normal, et ça se comprend.
De plus, mon père est assez affecté par ce genre de choses, car le 13 novembre 2015, les attentats sur Paris ont eu lieu. Mon père y était. Il était dans le Stade de France à regarder le match. J'aimerais d'ailleurs partager avec vous son témoignage sur cette soirée :

«En ce 13 novembre 2015, je me préparais à vivre une fête du football à l'occasion du match France-Allemagne au Stade de France. Tout amateur de football rêve d'assister un jour à un match comme celui-ci.
C'est à l'occasion d'un séminaire rassemblant les médecins des clubs de football professionnel français que je vais assister à ce match.

Après un long après-midi de travail, nous partons à 19 heures en direction du stade, en transport en commun, pour éviter les problèmes de stationnement.
Nous arrivons sur place sans problème, passons les fouilles habituelles, et pénétrons dans notre tribune qui est située derrière le but allemand. Le match débute dans une bonne ambiance.
Après une vingtaine de minutes, nous percevons tous un bruit assourdissant qui fait même trembler notre tribune, mais nous pensons tous qu'il s'agit d'une bombe agricole comme on en rencontre souvent dans les stades. Certains de nos collègues reçoivent alors des SMS qui évoquent des problèmes au Bataclan… Il faut savoir que dans l'enceinte du stade les réseaux mobiles sont souvent saturés et les portables fonctionnent difficilement. C'est d'ailleurs le cas du mien, puisque je n'ai pas de réseau. Je n'ai d'ailleurs quasiment plus de batterie.
Un de nos collègues, qui fait partie de l'encadrement médical du match, informe certains d'entre nous de la réalité et de la gravité des événements en cours. Le président de la République a été évacué du stade et tous les services de sécurité sont en alerte.
Dans cette ambiance qui devient pesante, je décide alors de quitter le stade et de rentrer à l'hôtel. Impossible… On ne peut pas sortir de la tribune, les services de sécurité nous expliquent calmement, mais avec fermeté que nous devons tous rester dans l'enceinte du stade par mesure de sécurité nationale. Je suis donc contraint de retourner à ma place et de suivre la deuxième mi-temps avec le peu d'informations que l'on m'a données.
Je ne peux malheureusement pas joindre ma famille.
La deuxième mi-temps se déroule dans une ambiance très particulière, les joueurs comme les spectateurs semblent

ailleurs... Nous apprendrons plus tard que certains joueurs ont pu être mis au courant dès la mi-temps.
Je n'ai toujours pas de portable, mais ceux qui ont du réseau reçoivent les informations par SMS ou par les sites Internet.
Une fois le match terminé avec cette ambiance de plus en plus pesante, nous décidons de quitter le stade et de rentrer à l'hôtel au plus vite. La rumeur de plusieurs attentats en cours est de plus en plus présente. Avec un ami, nous décidons donc finalement de patienter un peu dans l'enceinte du Stade de France puisque le seul moyen de le quitter en transports publics est d'emprunter un long boulevard qui mène à la gare RER, où des milliers de personnes sont déjà amassées.

« La rumeur de plusieurs attentats en cours est de plus en plus présente. »

Si un nouvel attentat doit avoir lieu ce soir ce sera probablement à la gare RER ou dans la foule. De ma position, je peux apercevoir les sorties et je me rends compte que des centaines de policiers, CRS, et soldats lourdement armés sont présents pour sécuriser la zone.
Après 90 minutes de patience, nous nous décidons enfin à rallier la gare qui commence à être beaucoup moins fréquentée.

Avec le peu de batterie qui me reste, j'arrive à recevoir quelques appels de mes collègues présents dans d'autres tribunes du stade. Ils me donnent les détails de ce qui s'est passé et m'informent qu'ils sont en sécurité puisqu'ils étaient venus avec leur voiture personnelle au stade. Ils sont d'ailleurs déjà rentrés à l'hôtel. J'essaye d'envoyer un message pour rassurer ma famille, mais ça ne passe pas et je n'ai désormais plus que 5 % de batterie… Je décide donc de laisser mon téléphone en mode économie d'énergie, en cas d'urgence. Il est minuit passé et j'imagine ma femme et mes enfants qui suivent tout ça à la télé et qui doivent être morts d'inquiétude devant l'absence de nouvelles de ma part. Nous montons dans le RER, mais nous ne sommes toujours pas très rassurés. Le RER démarre, malheureusement, arrivé à la gare de Nord, nous sommes débarqués par des soldats casqués, en treillis et armés qui nous crient dessus en nous ordonnant de vite quitter la gare.
C'est à nouveau la panique générale… Nous sortons alors de celle-ci en apercevant toujours des soldats lourdement armés, certains sont même suspendus à des cordes le long du toit de la gare. Une fois dehors, nous ne savons plus quoi faire et décidons de partir à l'opposé du Bataclan. Notre hôtel est situé gare Montparnasse, c'est-à-dire à l'opposé de notre position actuelle. Nous sommes à pied, il est 1 heure du matin, et nous n'avons pas de téléphone. Tous les accès au métro sont fermés, les taxis ne circulent plus et il règne dans les rues parisiennes en cette nuit du 13 novembre, une ambiance très particulière.
C'est alors que nous apercevons les lueurs de la tour Eiffel, nous décidons de marcher en cette direction puisque nous ne sommes pas parisiens et connaissons

mal le quartier. Après plusieurs kilomètres de marche, nous apercevons dans une impasse un taxi qui semble à l'arrêt. Nous décidons de déranger le chauffeur qui nous dit ne plus travailler à cause des événements de la nuit… c'est alors que nous expliquons notre aventure et, devant notre détresse, il accepte enfin de nous ramener vers notre hôtel. Au fil des rues nous passons devant un hôpital, face à ce dernier sont stationnés des camions militaires dans lesquels j'aperçois ce qui ressemble à des corps humains inanimés… Mon collègue et moi-même, tous les deux médecins, n'avons même pas le réflexe de nous arrêter pour proposer notre aide devant l'aspect irréel de cette soirée.

Retourner vite à notre hôtel et pouvoir enfin prévenir nos proches est notre seule priorité. Nous arrivons enfin, à 3 heures du matin, à l'hôtel. Les collègues qui étaient avec nous au stade sont là et semblent rassurés de nous voir puisqu'il ne manquait plus que nous à l'appel. Ils nous racontent alors en détail tous les événements de cette tragique soirée.

Je prends alors conscience de ce que nous avons vécu, de la réalité des images que j'ai vues et de la gravité des faits. Je prends également conscience de l'inquiétude qui doit animer ma famille. Je fonce dans ma chambre, branche mon téléphone et dès qu'il se rallume j'inonde de SMS, de messages sur les réseaux sociaux, ma famille, mes amis et mes parents. Je reçois immédiatement en retour tous les messages d'inquiétude qui m'avaient été envoyés depuis 21 heures. J'allume la télé, mais je n'arrive toujours pas à croire ce qu'on nous raconte. La nuit sera courte : j'ai du mal à trouver le sommeil, mais

la vie continue. Le lendemain, nous devons à nouveau avoir une formation sur Paris qui sera maintenue. Nous ne savons pas si les taxis qui doivent nous y emmener seront là, si le lieu de formation est ouvert et si la gare est accessible pour nous permettre de regagner nos domiciles provinciaux en fin de journée…
Ce matin-là, nous traversons tout Paris en taxi, nous ne croisons quasiment aucun véhicule, pas de piéton, quelques voitures de police et véhicules militaires… l'ambiance qui règne dans la capitale en ce matin du 14 novembre 2015 ressemble à une ambiance de film catastrophe au cinéma. Je quitterai finalement ma réunion plus tôt que prévu pour essayer de prendre un TGV et de retrouver rapidement ma famille qui me manque. L'ambiance dans la gare et dans le train est aussi particulière. Les contrôleurs avouant notamment qu'ils ne savent rien, qu'ils ont peur d'un éventuel attentat dans un train ou dans une gare. Bref, c'est une ambiance de chaos qui règne encore à Paris et en France. Ce n'est qu'une fois le pied posé en gare d'Angers que je me sens enfin en sécurité, mes proches sont là et sont heureux de me revoir. Ma vie reprend son cours, mais je n'oublierai jamais cette soirée et je pense très souvent aux victimes et à leur famille…

Ces actes ne peuvent pas être justifiés, mais la vie doit continuer, leur but est de nous faire peur, alors ne les laissons pas avoir ce qu'ils souhaitent, battons-nous ! Un jour, je l'espère, tout cela ne sera plus qu'un mauvais souvenir que nos enfants apprendront dans les manuels d'histoire. »

Réaliser ses rêves

« Vis tes rêves au lieu de rêver ta vie. »

23 Réaliser ses rêves

Une des choses les plus importantes dans la vie, selon moi, ce sont les rêves. Ce sont eux qui nous donnent envie de se dépasser quoi qu'il arrive pour arriver à ce que l'on souhaite vraiment. Ce chapitre leur sera dédié…

En y réfléchissant, j'ai remarqué qu'avant, lorsqu'on me demandait quels étaient mes rêves, je répondais toujours la même chose, un truc du genre :
« Mes rêves, eh bien : je voudrais devenir actrice, mais bon ça c'est impossible, alors mon rêve réalisable et réaliste je dirais que c'est d'aller aux États-Unis. »
Comme s'il y avait deux types de rêves, ceux qui pouvaient éventuellement se réaliser un jour, et ceux qui sont impossibles et qu'il faut oublier. Mais justement, le but des rêves c'est que même si pour toi c'est impossible, c'est ça qui les rend encore plus magiques.
Aujourd'hui, mes rêves ont quelque peu changé, j'aimerais faire le tour du monde et partir en road trip avec mes amis pendant quelques mois pour découvrir de nouvelles cultures, de nouveaux pays, m'amuser, faire la fête, me créer des souvenirs, m'ouvrir au monde, sortir de ma zone de confort.
J'aimerais aussi que ma famille soit heureuse et en bonne santé, qu'elle ne manque jamais de rien, et n'ait

« Même si pour toi c'est impossible, c'est ça qui les rend encore plus magiques. »

pas de problèmes. Je rêve aussi de tester l'apesanteur un jour, cette sensation de flotter dans l'air doit être tellement bizarre, ça m'intrigue et j'espère qu'un jour la technologie permettra de reproduire ça sur Terre, parce que même aller sur la Lune a l'air super cool. J'aurais quand même un peu peur, mais bon, un jour peut-être ?
Un de mes autres rêves, ce serait de trouver un travail que j'aime vraiment, qui me passionne, un travail où quand je me lève le matin, j'ai hâte d'aller travailler. Mon dernier rêve est de faire quelque chose pour la Terre, j'entends par là de réaliser quelque chose qui changerait les choses et qui améliorerait le quotidien des gens, je ne sais pas encore quoi, mais je veux mourir en me disant que j'ai servi à quelque chose dans ce monde, que j'ai marqué mon temps.

Parmi mes rêves, forcément, certains seront plus faciles à réaliser que d'autres, certains requièrent plus de persévérance et de force que d'autres, et peut-être qu'ils ne se réaliseront pas tous, mais j'espère de tout mon cœur le contraire.
Il faut bien savoir différencier les envies des rêves, avant, je n'avais jamais les mêmes rêves, je changeais tous les mois, à chaque fois je trouvais quelque chose qui me plaisait davantage, et puis je recopiais vachement mes rêves sur ceux de mes amis.
Mes rêves n'en étaient pas vraiment, c'étaient des trucs du genre : avoir la nouvelle veste de chez Zara ou le nouvel iPhone qui est sorti hier, en vérité ce ne sont pas des rêves, ce sont des envies.
En grandissant, j'ai compris ce qu'étaient réellement les rêves, chacun peut en avoir une version différente de ce que cela signifie, moi je vois ça comme une manière

d'embellir sa vie, de lui donner un but et d'avoir de l'espoir. On grandit dans un monde qui s'autodétruit, notre avenir nous fait peur, enfin il me fait peur, entre les présidents qui prennent des décisions absurdes pour toute une nation, les terroristes qui martyrisent le monde, la pollution ou encore les guerres qui continuent, notre avenir est flou et on ne sait pas vraiment ce que sera le monde dans quarante ou cinquante ans, alors les rêves permettent de s'accrocher à quelque chose qui nous tient vraiment à cœur, d'avoir un but, un chemin à suivre. Ils peuvent même embellir une personne.

Un individu qui n'a pas de rêves est soit très riche et très chanceux, car il les a tous réalisés, soit malheureux et perdu…

Il faut toujours te battre pour réaliser ce que tu veux. Évidemment, si tu ne te donnes pas les moyens d'arriver à accomplir tes rêves, tu n'y arriveras pas, ça, c'est sûr ! Mais rien n'est impossible, même si pour le moment tu as l'impression que c'est perdu d'avance ne baisse pas les bras, tout peut arriver.

Regarde-moi, crois-tu que lorsque j'avais 13 ans je pensais une seule seconde que trois ans plus tard je sortirais un livre, que j'aurais des abonnés par milliers et que je collaborerais avec mes marques préférées ? Absolument pas, loin de là.

D'ailleurs, on me dit souvent, sur Twitter, Instagram ou par mail :
« Mon rêve, c'est de te rencontrer et de te prendre dans mes bras Zoé » ou encore « Mon rêve, c'est de te ressembler ».
Je trouve ça hyper bizarre, le fait que moi, petite lycéenne, je puisse être le rêve de plusieurs jeunes filles. Si je le pouvais, je voudrais voir chacun d'entre vous et vous serrez fort dans mes bras pour réaliser votre rêve. Mais bon, pour le moment je ne peux pas, c'est un peu compliqué, mais un jour, je vous le promets, on se verra tous.

Tes rêves se réaliseront toujours, mis à part les rêves qui reposent sur la nature humaine, même si tu rêves que tes proches soient en bonne santé, tu as beau faire tout ce que tu veux, ce n'est pas toi qui choisis. Mais les rêves qui nécessitent seulement de la persévérance venant de toi, si tu le veux, tu y arriveras. Mon rêve est de voyager un maximum, du haut de mes 16 ans je suis déjà allée dans plein de pays différents ! Si tu as envie de voyager, il y a plein de moyens de le faire, car tout le monde n'a pas l'argent pour, mais faire un stage à l'étranger ou aller y étudier, ça coûte déjà beaucoup moins. Il suffit de chercher.

Alors quoi que les gens te disent, n'abandonne jamais tes rêves, ils déterminent qui tu es, et qui tu seras, alors soit convaincu qu'un jour ils deviendront réalité, et ils le seront, promis ! Comme dit le proverbe « Vis tes rêves au lieu de rêver ta vie. »

It's a Beautiful Day

« Les rêves qui nécessitent seulement de la persévérance venant de toi, si tu le veux, tu y arriveras. »

Revue de presse

Juste ~~a girl~~ Zoé

grand angle | internet

Suite de la page 57.

DES YOUTUBEURS TRÈS PROMETTEURS

Leurs chaînes font un tabac sur la plateforme vidéo, et peuvent rapporter gros! Nous avons rencontré **ces ados qui doivent apprendre à gérer la célébrité.**

PAR **BENJAMIN JÉRÔME**
PHOTOS **STÉPHANE MAHÉ** ET **SHAZ MAMODHOUSSEN**

Hier, les fillettes se rêvaient chanteuses et les garçons, pompiers. Aujourd'hui, les 10-15 ans veulent être youtubeurs et devenir populaires sur la Toile, comme leurs idoles, à peine plus âgées qu'eux. Squeezie, commentateur hystérique de jeux vidéo, compte 1,47 milliard de vues sur la plateforme vidéo, à seulement 19 ans! EnjoyPhoenix, qui parle de mode et de maquillage à 1,9 million d'abonnés, n'a que 20 ans et le comique Seb la Frite, 1,9 million de fans également, 19 ans. Or, du rêve à la réalité, avec YouTube, il n'y a que quelques clics. Ouvrir une chaîne de vidéos tient du jeu d'enfant pour une génération biberonnée au numérique. Il suffit d'un smartphone pour se filmer, monter les images et envoyer le tout sur Internet. Le résultat? Des fillettes de 11 ans vous expliquent comment mettre du vernis à ongles, des collégiens publient leurs sketchs ou commentent leurs parties de jeu vidéo... Souvent, le premier essai reste l'unique publication d'une chaîne mort-née. Tourner des images et surtout les monter demandent des heures de travail, et comme il y a aussi des devoirs à faire, la plupart des jeunes vidéastes oublient rapidement leur envie de célébrité.

Quand le nombre de vues grimpe, le jeu devient sérieux

Parfois, ils s'accrochent. Avec ses saynètes rigolotes et sa bouille sympathique, Sulivan (UnPandaMoqueur), 15 ans, a conquis 700 000 abonnés en un an et demi! A 14 ans, Zoé (JusteZoé, lire ci-contre) a séduit 128 000 fans en quelques mois, simplement en racontant sa vie avec drôlerie. Mais quand le nombre de vues grimpe, le jeu devient sérieux. Il faut gérer les sollicitations des marques, qui envoient leurs produits (vêtements, cosmétiques...) à ces jeunes, dans l'espoir qu'ils les montrent dans leurs vidéos. YouTube reverse aussi une part des recettes publicitaires aux chaînes qui marchent, et gagner plusieurs centaines d'euros par mois, cela peut faire tourner la tête d'un ado. Il faut enfin composer avec les parents, parfois désarçonnés par la popularité subite de leur progéniture. Le début de la gloire donc, mais la fin de l'innocence. •

“J'ai acheté un appareil photo et deux projecteurs”

Zoé, **14 ans et 128 043 abonnés* sur JusteZoé**

Quand elle a touché sa première paie « YouTube », le père de Zoé est tombé de l'armoire: « 450 euros pour un mois! s'étonne encore Anthony. J'étais loin de penser qu'on pouvait gagner de l'argent comme ça. » Sauf que Zoé, timide élève de 3e à Angers (Maine-et-Loire), a conquis 128 000 abonnés avec sa chaîne JusteZoé. On l'y voit manger des marshmallows, montrer ses nouveaux débardeurs, flemmarder au lit... Spontanée, elle est la copine que toutes les ados voudraient avoir. Et si cette activité est « un loisir », elle s'y investit avec talent et application. Elle poste une vidéo chaque dimanche, « quatre ou cinq heures de montage », précise-t-elle, à faire après les devoirs, bien sûr. Elle répond aux courriers des fans – au moins un par jour – et aux sollicitations des marques. « Elles veulent m'envoyer des habits, mais on m'a aussi proposé des bijoux, du maquillage, du thé, des barres de céréales... » Zoé accepte ou refuse au gré de ses envies, mais elle a fait le nécessaire auprès de YouTube pour que ses vidéos génèrent des gains publicitaires: « Avec l'argent, j'ai acheté un appareil photo pour me filmer, deux projecteurs et des chaussures. » Ses parents la regardent faire avec bienveillance. Zoé se verrait bien youtubeuse pro ou « un truc en rapport avec l'image ». « Tu as le temps, souffle son père. Tu as le temps. » **B. J.**

LUMIÈRE sur...

Juste Zoé, LA YOUTUBEUSE SANS FILTRE !

AVEC SA SPONTANÉITÉ LÉGENDAIRE ET SES SKETCHES À MOURIR DE RIRE, LA YOUTUBEUSE JUSTE ZOÉ N'EST JAMAIS À COURT D'IDÉES POUR NOUS SURPRENDRE. LE TEMPS D'UNE INTERVIEW, ELLE NOUS FAIT ENTRER DANS SON UNIVERS HORS DU COMMUN. RENCONTRE SOUS LE SIGNE DE LA JOIE DE VIVRE.

TU ES YOUTUBEUSE DEPUIS SEPTEMBRE 2010. COMMENT AS-TU EU L'IDÉE DE TE LANCER ?
J'étais dans ma chambre et je m'ennuyais, j'avais l'habitude de regarder des vidéos sur YouTube, jusqu'au jour où j'ai eu l'idée de me lancer aussi. Mais, au début, je ne montrais pas ma tête, je mettais en scène des Petshop en inventant des histoires. Puis, au fil des années, mes vidéos ont évolué et je suis devenue celle que je suis aujourd'hui.

©Marin Lagardère pour Pretties®

QU'EST-CE QUE ÇA FAIT D'AVOIR PLUS DE 600 000 ABONNÉS ET PLUS DE 45 MILLIONS DE VUES SUR TES VIDÉOS ?
Franchement, je n'en ai aucune idée. Je pense que c'est parce que je reste naturelle, que je suis spontanée et que j'essaie de ne pas faire les mêmes vidéos que tout le monde.

COMMENT ARRIVES-TU À GÉRER TA NOTORIÉTÉ ET LES COURS ?
Mes parents m'ont toujours dit « le travail avant les vidéos ». Même si je suis entrée au lycée en septembre, pour l'instant j'arrive à gérer, j'ai toujours eu d'assez bonnes notes sans trop travailler donc ce n'est pas plus mal. Mais plus les abonnés montent, plus je suis sollicitée, alors heureusement que mes parents sont là pour m'aider à gérer, répondre aux mails, appeler les marques, etc.

QUELLES ÉTUDES SOUHAITES-TU FAIRE ET POURQUOI ?
À vrai dire, je n'en ai absolument aucune idée. Je pense aller en filière ES, mais après le lycée je n'ai pas envie de reprendre directement les études. J'aimerais prendre une année sabbatique et voyager à travers le monde. Globalement, je sais que j'aimerais travailler dans l'audiovisuel, les réseaux sociaux, ou encore à la télé.

TU ES ABONNÉE À Pretties® DEPUIS SA SORTIE. POURQUOI ES-TU ACCRO À NOTRE MAGAZINE ?
J'ai découvert ce magazine au CDI de mon collège et j'ai tout de suite accroché ! Le fait qu'il y ait plusieurs sujets hyper divers, des pages mode, beauté et même déco, toujours dans un univers ni trop femme ni trop fillette, m'a beaucoup plu. Et puis, surtout, je trouvais ça très cool que les lectrices puissent poser dans le magazine.

D'AILLEURS, TU AS FAIT LA COUV' DU HORS-SÉRIE Pretties® 16.

©Marin Lagardère pour Pretties®

COMMENT S'EST DÉROULÉ LE SHOOTING ?
Cette journée restera à jamais gravée dans ma mémoire. C'était mon premier vrai shooting, avec une maquilleuse, une coiffeuse, une styliste, de vrais photographes, qui sont d'ailleurs tous adorables ! J'étais en plein rêve, comme une petite princesse, un peu stressée au début, mais l'ambiance était super cool donc je me suis détendue très rapidement.

COMMENT CHOISIS-TU LES THÈMES DE TES VIDÉOS ? QUEL TYPE DE VIDÉO PRÉFÈRES-TU FAIRE ?
En général, une idée me vient spontanément, et quand je n'en ai pas, je demande à mes abonnés ce qu'ils aimeraient voir. Les vidéos

que je préfère filmer sont celles où je parle et où je dis ce qui me passe par la tête. En revanche, celles que je préfère monter, ce sont les lookbook : accorder la vidéo avec la musique, faire un montage hyper travaillé, j'aime trop ça ! Un jour, j'ai recommencé trois fois le montage d'un lookbook, car je trouvais toujours une musique avec des possibilités de montage encore meilleures que le précédent.

QU'EST-CE QUE CELA T'APPORTE DE RACONTER TA VIE À DES INCONNUS ?
Ce ne sont pas des inconnus, je considère mes abonnés comme mes amis, du coup je trouve ça normal de partager mes aventures, de les faire rire, etc. C'est vrai que vu de l'extérieur, ça peut paraître assez bizarre, mais j'adore partager avec eux, parler sur Twitter ou Insta, faire des Snap pour que l'on soit plus proches.

QUELLE RELATION ENTRETIENS-TU AVEC TES ABONNÉS ?
Je suis un peu comme leur grande sœur, leur amie avec qui on peut rire et partager un maximum de choses. Parfois, je reçois des mails me disant que je suis un exemple pour certaines filles. Cela me met la pression et me gêne un peu, car je ne me sens pas supérieure à mes abonnés, on est tous égaux, c'est juste que moi je parle à une caméra !

AVEC CE TALENT ET CE SUCCÈS, TU DOIS ÊTRE TRÈS SOLLICITÉE, AS-TU DES PROJETS À VENIR ?
Oui en ce moment je suis pas mal sollicitée. Je travaille sur un gros projet depuis un an, cela demande beaucoup de temps, mais j'ai hâte de pouvoir enfin dévoiler ce petit secret.

UN DERNIER PETIT MOT POUR NOS Pretties® ?
Restez vous-mêmes les filles, amusez-vous, ne regrettez rien ! Mais faites ça raisonnablement et surtout, sans vous mettre en danger !

POUR MIEUX TE CONNAÎTRE :

- **TA VILLE PRÉFÉRÉE ?** Paris
- **TON DERNIER LIVRE ?** Blague ou la vie
- **TON VOYAGE DE RÊVE ?** Canada ou Thaïlande
- **TA DERNIÈRE JOIE ?** Quand j'ai appris que je commençais à 11 heures ce matin
- **TON ACCESSOIRE DE MODE PRÉFÉRÉ ?** Les colliers

Juste ~~a girl~~ Zoé

Ouest France
Lundi 29 août 2016

Angers

Zoé, star pas dupe de YouTube

À 15 ans, l'Angevine Zoé compte 400 000 abonnés sur la plateforme vidéo. Consciente de l'opacité de son fonctionnement, elle ne s'emballe pas pour autant.

ans son home studio, entre caméra et projecteur, Zoé Tondut, étoile montante de YouTube.

es gens d'ici

ille a le sourire appliqué d'une en-nt modèle. Elle laisse à sa maman dèle le soin de faire les présentations. On se dit que c'est en raison e son âge, mais cela contraste forément avec la drôlerie et le naturel fichés dans ses vidéos.

Aînée d'une fratrie de quatre enants, Zoé Tondut a 15 ans. Elle hate Bouchemaine. Bonne élève, le vient tout juste de passer le brett des collèges. Depuis deux ans, le poste des vidéos sur YouTube vec le pseudo « Juste Zoé ». Une astille d'une dizaine de minutes haque week-end. Tournée dans sa hambre, à l'aide d'un appareil photo de deux projecteurs.

La vidéo déclic

es thématiques sont piochées dans quotidien de la jeune fille : style estimentaire, conso, beauté... « **À rce de regarder des vidéos dans mes moments perdus, j'ai eu envie d'en réaliser moi-même** », concède-t-elle.

La popularité de l'adolescente grandit doucement, au début. Jusqu'au « déclic ». Une vidéo de type tutoriel, intitulée Maquillage pour l'école. Zoé y laisse libre cours à son talent comique, en imitant le parlé d'une écolière de 8 ans. « **Ça a cartonné tout de suite** », se souvient la jeune fille, des étoiles plein les yeux.

Plus de deux millions de vues depuis la publication du clip, il y a un an. Et bientôt 400 000 abonnés à la chaîne JusteZoé. Une communauté virtuelle à laquelle elle consacre beaucoup de temps. « **Ils me donnent souvent des idées de sujets, me disent si j'étais bien ou pas dans la vidéo de la semaine.** »

Les abonnés s'expriment aussi sur les produits exposés dans les vidéos. Avec le succès, les marques ont commencé à s'intéresser à Zoé. « **Ils te contactent dès que tu dépasses les 10 000 abonnés** », indique la jeune fille. L'éventail de ses partenaires est très large, du plus classique (les cosmétiques Yves Rocher) au plus exotique (les bonbons japonais Candysan). Zoé accepte ou décline les propositions, au gré de ses envies. « **Je réfléchis aussi à la possibilité de mettre en scène le produit, et je m'assure qu'il convient à mon public** », explique Zoé.

Chaque mois, YouTube reverse un pourcentage de ses recettes commerciales à Zoé. « **Ce n'est jamais fixe. Cela dépend du nombre de vues de mes vidéos, du montant des spots de pubs diffusés en ouverture. En ce qui me concerne, c'est monté jusqu'à 450 €** », révèle la jeune fille. En fait, le mode de calcul de cette prime est assez « **opaque** », selon Adèle, la mère de Zoé.

Dans l'une de ses vidéos, la rebelle était même allée jusqu'à livrer sa vision - au vitriol - du mode de rémunération pratiqué par le site, et comment gagner un maximum d'argent grâce à lui. Mal lui en a pris. « **D'autres youtubeurs m'ont conseillé de vite la retirer, sans quoi le site aurait pu fermer ma chaîne** », relate Zoé.

Petite entreprise de divertissement

D'abord décontenancés par la gloire naissante de leur aînée, ses parents ont choisi de la soutenir activement.

« **À condition bien sûr que les résultats scolaires n'aient pas à en souffrir** », tempère Adèle. Adèle s'occupe aujourd'hui de gérer la communication de sa fille. Son mari Anthony, médecin, veille pour sa part à ses intérêts financiers.

Une petite entreprise de divertissement, en somme. Avec à sa tête une graine de comédienne, déjà dotée d'une vraie conscience professionnelle. Et d'un sens critique étonnant pour son âge.

Vincent FAURE

Zoé Tondut, juste un phénomène

La fille du médecin d'Angers-SCO, qui passe aujourd'hui le brevet des collèges, cartonne sur Internet.

Anthony PASCO
anthony.pasco@courrier-ouest.com

Meet-up, vlog, haul, swap, look-book, tuto, ask. Si le sens de ces anglicismes vous échappe, c'est que vous êtes étranger à l'univers de Zoé Tondut.
Cet univers, c'est celui de la mode, version ado, des réseaux sociaux et de ses codes. Des applications comme Facebook, Snapchat ou Instagram qui permettent aux jeunes filles de partager impressions, photos et vidéos en s'identifiant à des modèles éphémères sur Internet.
Zoé, une jeune fille de 15 ans comme les autres qui réside à Bouchemaine, est entrée dans cette catégorie des « influenceurs » sans le chercher. C'était il y a deux ans, à partir d'un ordinateur et d'une webcam. « *Quand je m'ennuyais, je regardais des vidéos de filles qui faisaient ça. J'ai eu envie de me lancer. J'ai trouvé ça bizarre quand j'ai reçu mes premiers commentaires. J'ai réalisé que n'importe qui dans le monde pouvait me regarder. Alors j'ai commencé à faire attention et à m'impliquer davantage* ».

Ses vidéos ont été vues 30 millions de fois...

Sous son nom de blogueuse - « Juste Zoé », parce qu'elle n'a rien trouvé de mieux - la collégienne distille une fois par semaine, avec sa tchatche et sa bonne bouille, des astuces pour être la plus jolie. Elle se moque aussi gentiment de ses professeurs, parle affectueusement de ses amis et sa famille. Bref, sa vie, toute sa vie, dans ce qu'elle a de meilleur, résumée en cinq minutes, avec le sens de l'humour et de l'autodérision.
Il lui faut environ quatre heures pour réaliser ses clips dans le mini-studio aménagé dans sa chambre. La centaine de vidéo thématiques qu'elle a mises en ligne sur sa chaîne YouTube totalise déjà plus de 30 millions de vues et figure parmi les plus fortes progressions en France. « *C'est une passion qui prend de l'ampleur*, dit-elle. *Je ne réalise pas vraiment. Ça me fait hyperplaisir et parfois ça fait un peu peur* ».
Ces sentiments partagés, elle les a encore éprouvés le 28 mai au salon « Get Beauty », le premier dédié aux youtubeuses. Elle et tout ce que la Toile compte de petits phénomènes de ce type ont croisé 10 000 fans au Parc Floral de Paris. Quand Anthony Tondut, médecin depuis dix ans des footballeurs d'Angers-SCO, a découvert la foule en liesse face à sa fille, il a pris une claque : « *Ça m'a fait penser au concert d'une rock-star. J'étais scotché et ému* ».

« YouTube, c'est ma vie »
Cette démonstration d'amour n'a fait que décupler l'enthousiasme de la jeune Angevine : « *YouTube, c'est ma vie. J'aime partager et être au centre d'une communauté que j'ai créée. Quand je rencontre mes abonnés, c'est comme si on se connaissait depuis toujours* ».
Avec l'expérience, elle dit ne plus prêter attention aux mauvais coucheurs pour ne retenir que le flux de propos bienveillants. Sur Instagram, où elle compte 183 000 « followers », la moindre photo postée génère plus de 300 commentaires. Plaisir ou rançon du succès, on la reconnaît aussi dans la rue, dans les boutiques, même à l'autre bout du pays.
Et si cette notoriété naissante lui ouvrait d'autres portes ? À force de jouer à la grande sœur modèle, Zoé commence en effet à s'imaginer, adulte, dans la peau d'une comédienne, voire d'une chroniqueuse télé. « *On a passé un deal*, explique son père : *tant que les résultats scolaires sont là, elle a le droit de continuer. Mais quand on voit comment elle s'éclate, on ne peut que la soutenir* ».
Retenez ce prénom : Zoé, Juste Zoé.

Bouchemaine, lundi. *Zoé tourne et monte des vidéos qu'elle met en ligne sur Internet. Photo CO - Michel DURIGNEUX.*

Un hobby qui rapporte

Zoé a une autre bonne raison de fidéliser ses abonnés et d'en séduire de nouveaux. Ses vidéos lui permettent en effet de gonfler ses économies, même si l'essentiel est bloqué jusqu'à sa majorité.
Elle peut compter sur deux sources de revenus. La première provient de la régie publicitaire de Google. Des liens sponsorisés sont insérés sur ses contenus en échange d'une rétribution du géant californien, dont YouTube n'est qu'une filiale.
« *Ils n'aiment pas trop qu'on parle argent. Disons que Zoé touche par ce biais quelques milliers d'euros par mois* », lâche Anthony Tondut.
La seconde opportunité provient des marques de cosmétiques et produits en tout genre qui lui demandent de présenter leurs produits dans ses « tutos ». Certains partenariats peuvent lui rapporter plusieurs centaines d'euros.
« *Zoé ne sélectionne que des produits qui l'intéressent. Elle a refusé de parler d'une coloration pour les cheveux, de substituts alimentaires ou d'une ventouse anti-cellulite*, sourit son père. *Elle est restée économe. Dans la famille, on n'a jamais manqué de rien. Mais on a toujours essayé de lui donner la valeur de l'argent* ».

3 QUESTIONS À Patrice Hillaire, expert en médias sociaux

« Un modèle derrière lequel se cache beaucoup de business »

Ancien élève de l'Ircom, l'Angevin Patrice Hillaire, 45 ans, est directeur des médias sociaux de La Poste depuis 2009. Il décrypte le phénomène des « youtubeuses ».

1 Comment faire fructifier ses vidéos sur YouTube ?

« A partir d'un certain nombre de vues, cette plateforme commercialise l'espace auprès d'annonceurs en calant des publicités avant la vidéo en échange d'une rémunération du créateur de la chaîne. Facebook offre davantage d'interactions mais ce site ne paie pas. Les filles qui ont de l'audience préfèrent continuer à héberger leur vidéo sur YouTube. D'autres applications comme Periscope, qui permettent de se montrer en direct, devraient bientôt devenir référentes ».

2 Quel est le profil des « youtubeurs » et « youtubeuses » ?

« Les humoristes ont été les premiers à poster leurs vidéos. Il y a eu aussi les amateurs de jeux vidéos qui s'adressent à un public spécialisé. Les filles sont apparues plus récemment en partageant leur quotidien et des conseils beauté. Elles donnent le sentiment d'avoir une vie de rêve. Les ados qui les regardent peuvent se dire que leur vie, à côté, est assez minable... C'est aux parents de rappeler qu'il ne s'agit que d'un modèle derrière lequel se cache beaucoup de business ».

3 Quelle est leur influence ?

« Il a été démontré que 90 % des jeunes qui regardaient les produits présentés dans ces vidéos les achetaient par la suite. C'est pour ça que les marques approchent les youtubeuses pour rentrer dans l'esprit des internautes. Les plus connues reçoivent des colis à longueur de journée. Et plus elles enregistrent de vues, plus elles sont payées. C'est un phénomène de starisation. C'est ce que vit Zoé. Elle va continuer à monter en puissance. Ses fans vont la suivre et vieillir avec elle. Mais viendra un jour où elle sera moins exposée. C'est comme avec la télé-réalité : quand on vous a dit pendant des années que vous êtes la plus belle, le retour à la réalité peut être douloureux... ».

Patrice Hillaire.

Les Youtubeurs angevins 10

Juste passionnée !

À tout juste 15 ans, ce petit bout de femme est à la tête de la chaîne YouTube « Juste Zoé ». Avec plus de 200 000 abonnés au compteur, ses vidéos cartonnent ! Son secret ? « Je parle de ma vie avec humour ! J'ai envie que tout le monde puisse se retrouver dans mes films. La Zoé sur la toile c'est moi ! D'où le nom de la chaîne. » Une ascension à laquelle la jeune fille ne s'attendait pas : « jamais, je n'aurai imaginé que ça allait plaire à autant de gens ! Maintenant, ça arrive qu'on me reconnaisse dans la rue. Je reçois beaucoup de lettres d'abonnés, certains me disent que je suis comme une grande sœur ! » Une responsabilité que Zoé prend à cœur. « Je ne veux pas les décevoir car c'est grâce à eux que je suis là aujourd'hui. » Véritable passion, sa chaîne la fait désormais vivre. « Depuis un an, je suis payée par YouTube. Je suis encore choquée car j'ignorais qu'on pouvait gagner de l'argent comme ça ! Mais pour moi c'est vraiment un plaisir, je ne désire pas que ça devienne un travail. Je reste fidèle à moi-même ! » Une belle aventure qui l'a transformée : « Je suis beaucoup moins timide, ça m'a poussé à m'affirmer ! »

Leurs vidéos cartonnent !

Qu'ils parlent de mode et de beauté, fassent des vidéos humoristiques ou manient l'art de l'illusion... Ces Angevins se font remarquer sur la plateforme YouTube. Un moyen de partager leur passion avec les internautes et pour certains d'envisager une vraie carrière. Nous sommes parties à leur rencontre !

Humour et beauté. Zoé, collégienne de 15 ans, rassemble sur le net plus de 200 000 abonnés. Découvrez son portrait à droite.

www.youtube.com/user/zozo49-petshop

LindzeePoi ou l'art de l'illusion

Directrice éditoriale et artistique : Sandra SZAJA
Relectrice – Correctrice : Carine ECKERT
Graphiste – Maquettiste : Flore BOISSEAU

***

Couverture et photographies pages : 8, 10, 23, 24, 34, 41, 44, 52, 55, 57, 58, 62, 65, 66, 73, 74, 82, 88, 94, 97, 102, 108, 114, 122, 130, 140, 146, 148, 151, 158, 159, 163, 164, 165, 173, 178, 181, 184, 186, 196, 197, 199, 203 et 204.
Photographe : Martin LAGARDÈRE
Directrice artistique, réalisation et stylisme : Sandra SZAJA
Assistante styliste : Eva SILATSA
Make-up artist et coiffure : Eva LOUIS
Remerciements : Hôtel Vice Versa à Paris, Fanny pour la marque Ninii, boutique Bathroom Graffiti.

***

Crédits photographiques :
Photothèque : Fotolia
Photos personnelles de Zoé pages : 15, 18, 19, 28, 69, 79, 118, 125, 146, 156, 164
Photos pages 38, 47 et logo Juste Zoé : Samantha Montalban
Revue de presse : Extrait de Ouest France, extrait du magazine angers.maville.com, extrait du Courrier de l'Ouest, extrait d'Aujourd'hui En France Magazine, extrait de Pretties® Magazine.
Photographies meet-up : p86 à 93 ©Katy RIVES pour Zoé, ©Alexandre MASSA pour Victoria, ©Christine MURAILLAT pour Élise, ©Olisa UBAKA pour Fyona, ©Sandrine LALLEMANT pour Flavie, ©Valérie VIEVILLE pour Coline, ©Marjolaine BODIN pour Emma, ©Louise NORMANDIÈRE pour Mia, ©Linda CORRÉARD pour Océane, ©Karinne MARCHAL pour Manon, ©Katia MARIE pour Alexane, ©Melle Émilie KÖHN pour Emma, ©Antonio AZEVEDO pour Loan, ©Florence GONÇALVES pour Romane, ©Nadège MEILLIER pour Alice, ©Sylvaine GUÉNÉE pour Emma et pour Louise, ©Franck LEMARIÉ pour Solenn, ©Jean François COTTET-PUINEL pour Angela, ©Katrin SCHMITZ pour Leoni, ©Christelle AUDIO pour Manon, ©Anne TURPIN pour Jeanne, ©CHARRETIER pour Capucine, ©Laurence BAUR pour Élise, ©Corinne RENAULD pour Eugénie, ©Anne SEZNEC pour Léna, ©Candy BOUEDO pour Mathilde, ©Nathalie PRUDHOMME pour Élise, ©Isabelle SWIERCZEK pour Margot.

***

YouTube : www.youtube.com/user/zozo49petshop
Intagram : www.instagram.com/justezoe_ytb/
Twitter : twitter.com/justezoe_ytb
Snap Juste Zoé : zoetondut

***

ISBN : 978-2-9561117-0-2
Imprimé en UE.
Dépôt légal : juin 2017

LQÉ
LE QUARTIER DES ÉCRIVAINS

thank you